データでよみとく

外国人"依存"ニッポン

NHK取材班

光文社新書

まえがき

「ゴチュウモンハ?」東京のとある街、帰宅途中の深夜のラーメン店。メニューに目を落としていて気づかなかったが、注文を終えて顔を上げるとネームプレートにはベトナム人と思われる名前。ふと店内を見渡すと、多くが外国人と見られる店員だ。ラーメン店だけではない。コンビニ、牛丼屋、居酒屋。最寄り駅から家に帰るまでの十数分間の道すがらにある店では、いったいどれだけの外国人が働いているのか。こうした疑問を感じたことはないだろうか。

電車に乗っていて「最近外国人が増えたなあ」と感じる人も多いだろう。それもインバウンドの観光客だけではなく、生活感のある、日本に住んでいる人たちだ。

そして、こうした光景は東京だけではない。すでに全国の至る所で珍しくなくなっている。

出張や旅行で訪れる全国各地のホテルで、コンビニで、飲食店で働く外国人や、街中を歩く外国人をよく目にするようになった。一昔前までは1人でもいれば珍しいとすら感じていたのに、今ではすっかり日本社会の日常に溶け込んでいる。

「日本は移民政策をとっていないはずなのに、今何が起きているのだろうか」

こうした疑問から私たちは、2017年秋から取材を始めた。まずは政府が公表しているオープンデータを独自に分析することから取りかかり、そこから垣間見えてきた実態をさらに深掘りするべく、NHKの全国ネットワークを活用して現場を追いかけた。

その結果、外国人住民は都会や工業地帯だけではなく、まさに全国津々浦々で急増していることがわかってきた。また、産業によっては外国人がいないと成り立たないほどに、その存在感が大きくなっていることも見えてきた。例えば、農業の現場からは「外国人がいないと野菜が消える」という声が聞こえてくるほどだ。

日本は先進国中4位の「移民大国」って本当?

そもそも「移民」とはどういう人たちなのだろうか。日本には労働者として来日した人やその家族もいる。この人たちは「移民」にあたらないのだろうか。

実は、「移民」に正式な定義はない。

ただ、国連では多くの専門家が移住の理由や法的な地位などに関係なく、定住国を変更した人々を移民とみなすことに同意していると考えており、このうち、3カ月から12カ月間の移動を「短期的または一時的移住」、1年以上の居住国の変更を「長期的または恒久移住」と呼んで区別するのが一般的だとしている。なお、「移民」と「難民」の2つの言葉が混同して使われることがあるが、「難民」は迫害のおそれや紛争などの理由で出身国を逃れた人たちのことで、「移民」とは明確に違う。

「移民」のはっきりした定義がない中で、驚きとともに伝えられた数字がある。

OECD（経済協力開発機構）は毎年、世界の移民をめぐる統計や、加盟する先進国の移民政策について「国際移民アウトルック」という報告書をまとめている。

この報告書の中ではOECDに加盟する36カ国とロシアへの外国人の流入人口がまとめられており、2018年版によると、2016年に日本へ流入した人口は42万7600人。これが、ドイツ、アメリカ、イギリスに次ぐ4位にあたる数字となっているのだ。このデータが基になり「日本は世界第4位の移民数」、「隠れ移民大国」などとも報じられ、大きな話題を呼んだ。

正式な定義がないため、これだけをもって日本が実態的に「移民」を受け入れている、と言うことは必ずしもできないが、「移民政策はとらない」というスタンスからはギャップがある数値のように思えるのも事実だ。

では、この統計に含まれる「外国人」とは実際にどういう人たちなのだろうか。

ＯＥＣＤの統計は各国政府の報告した数値がまとめられたもので、日本の場合は、法務省が毎年まとめている「出入国管理統計」のうち「新規入国外国人」が基になっている。毎年、日本に入国した外国人のうち滞在期間が90日以内の短期滞在者を除いた数値がそれにあたる。日本に外国人が長期で入国する際には、36種類ある在留資格のうち何か１つを取得する必要があるのだが、新規入国者の在留資格別の数がまとめられている。

このうち、２０１６年で最も多い在留資格は、「留学」が約10万８０００人。次いで「技能実習」が約10万６０００人と、この２つの資格だけで全体の約半分を占めている。

こうした「留学」や「技能実習」で日本に入国する外国人が増えている背景については、本書の中で詳述するが、様々な産業で実質的な労働者として留学生や技能実習生の存在感が急速に増していることが考えられる。

独自試算！　全国８割の自治体で外国人は増加

実態を少し詳しく見てみよう。日本に住む外国人の人口は国が毎年公表している統計「住民基本台帳に基づく人口、人口動態及び世帯数」から見ることができる。

それによると、日本に住む外国人は毎年増え続けていて、２０１８年１月時点で２４９万人と過去最高になっている。20年前と比べると約１００万人も増えている。

ただ、皆さんの実感としては、このところ急に外国人が増えたという感覚があるのではないだろうか。そう考えた私たちは、都道府県ごとに分析してみた。すると、国のデータよりもリアルな感覚に近い数値が現れてきた。

外国人住民が住民基本台帳に登録されるようになり、自治体ごとのデータが把握できるようになったのが２０１３年。それから２０１８年までの５年間で、すべての都道府県で外国人は増えているのだ。実に21の都と県で30パーセント以上も増加している。

増加率をランキングにしてみると、トップの沖縄県は67パーセント、２位の熊本県は52パーセント、３位の北海道は50パーセントと高い水準が続く。

大都市圏だけではなく、沖縄、九州、北海道、中国地方など様々な所で急速に増えている

都道府県別　外国人増加率

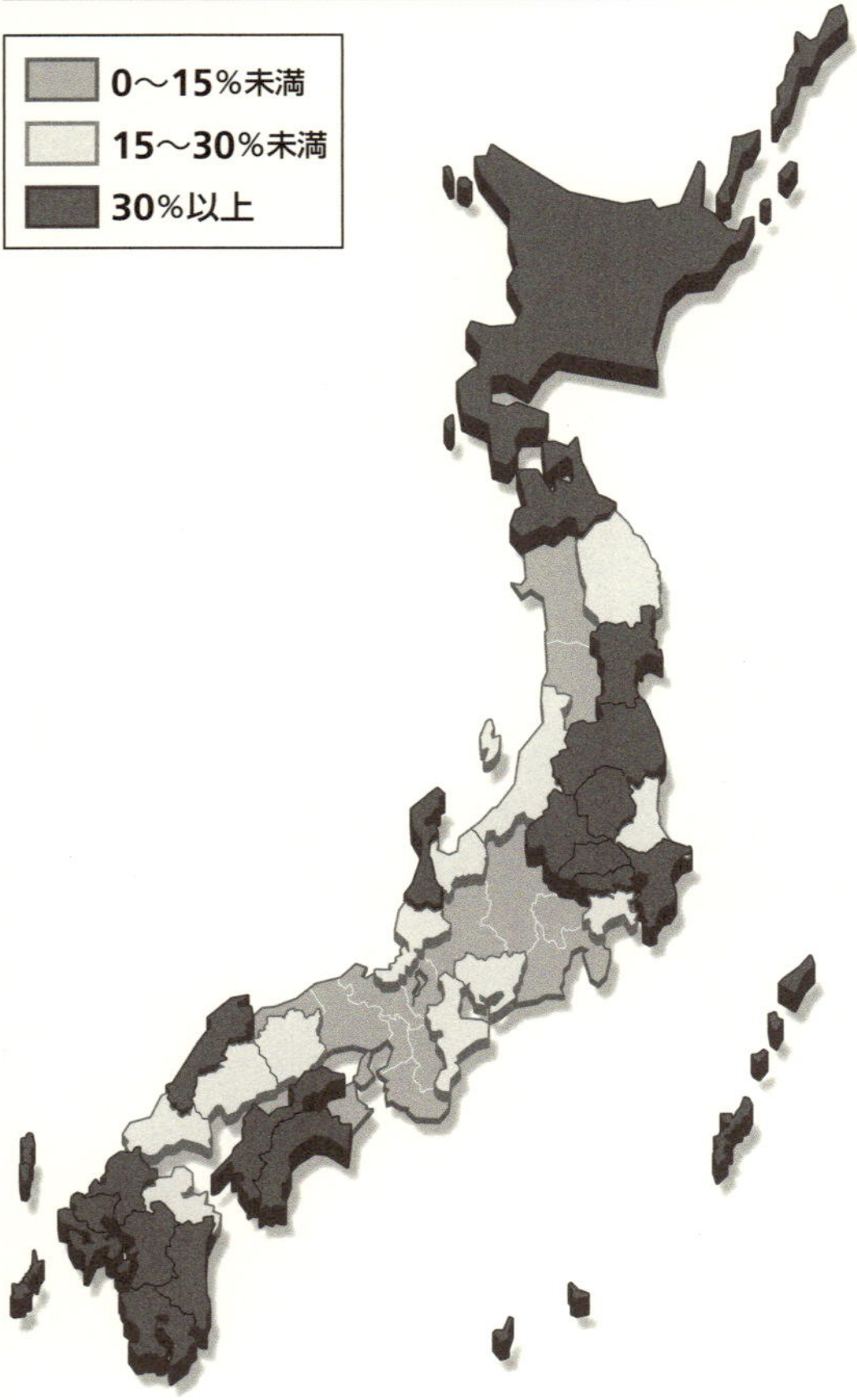

［総務省「住民基本台帳に基づく人口、人口動態及び世帯数」を基に作成。
2013年を100として0〜15%未満、15〜30%未満、30%以上に色分け］

都道府県別 外国人増加率 ランキング

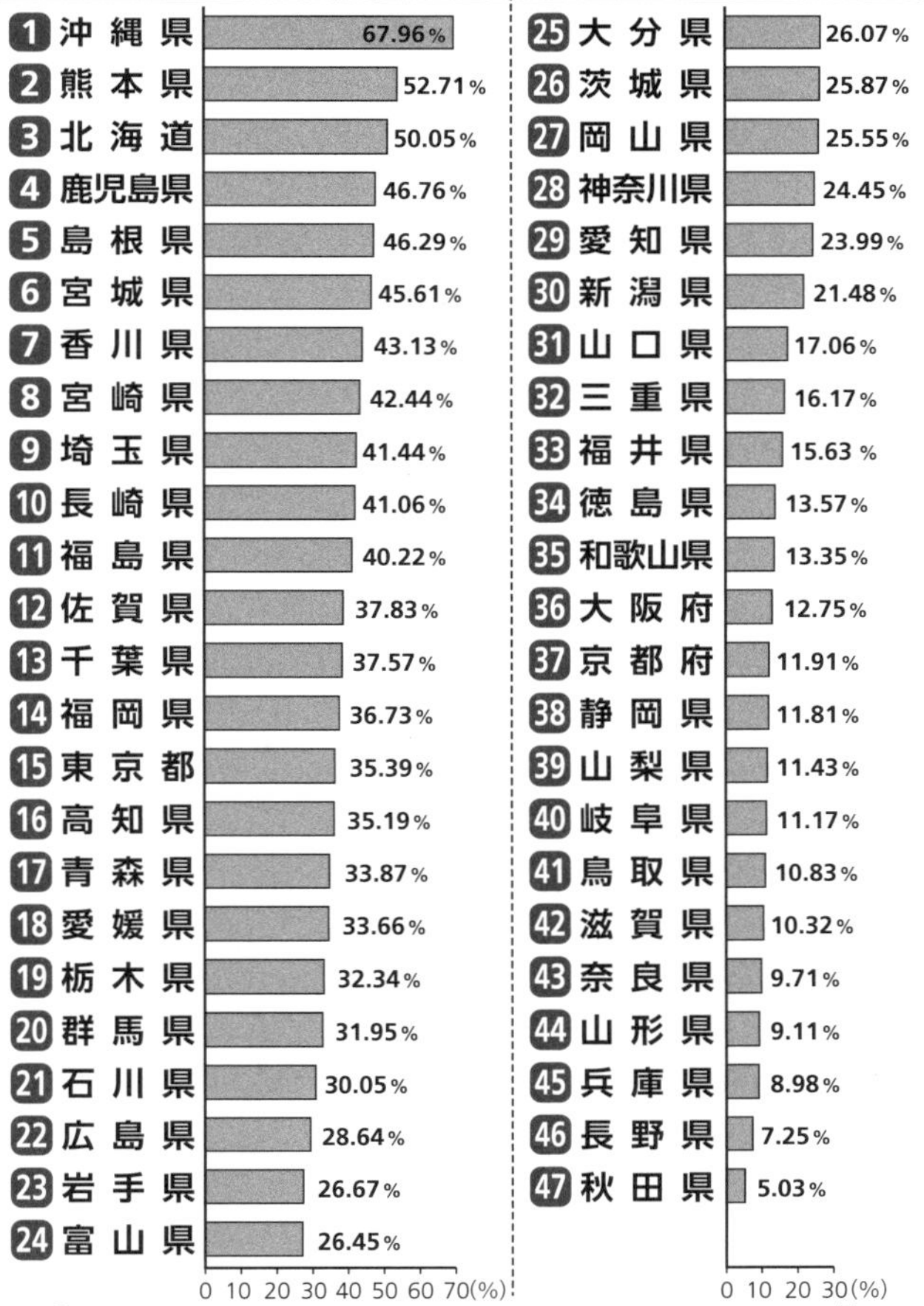

［総務省「住民基本台帳に基づく人口、人口動態及び世帯数」を基に作成。
2013年を100とした2018年の増加率］

ことがわかる。自分の住んでいる地域や出身地がランキングで上位に入っていることに驚く人も多いのではないか。

さらに、これを全国１７４１のすべての市区町村別に詳しく分析してみた（東京23区は区ごとに、その他の政令指定都市は区で分けずに市全体で１つの自治体としてまとめた）。

すると、実に全体の約82パーセントにあたる１４４３の市区町村で外国人が増加しているのだ。日本人の人口が減った一方で外国人は増えたという自治体も１１６７ある。全国各地で人口減少が続く中、外国人がそれを補っている実態がうかがえる。ページをめくっていただくと、市町村別の外国人人口の増加率をランキング形式にまとめた表があるのでご覧いただきたい（なお、増加人数が50人以下の自治体は除いてある）。

近年、外国人の移住者が増えているとされる北海道のスキーリゾートの他、あまり外国人が多いイメージを抱かれていないだろう自治体も含まれている。こうしたデータからは全国でくまなく外国人住民が増えている現状が浮き彫りになってくる。

後の章で詳述するが、人口減少とそれを埋める外国人という構図は東京でも他人事ではない。象徴的なのが新成人のうちに外国人が占める割合で、今や２人に１人が外国人の区もある。

外国人〝依存〟ニッポン

私たちはこの他に、労働者の中で外国人が占める割合も詳細に分析した。具体的には本編に譲るが、分析の結果、人手不足が顕著な若い世代の中では、県によっては3人に1人ないしは2人に1人を外国人労働者が占める地域があることもわかってきた。

こうした現状を継続的に取材し伝える必要があると考えた私たちは「外国人〝依存〟ニッポン」という特設サイトを2018年3月に立ち上げ、シリーズで報道を始めた。本書は主に、そのサイトで公開した記事を基にしている。

サイトの狙いは、私たちが明確に意識しない中でここまで外国の人たちが全国各地で増えていること、そしてそうした人たちに経済・社会が支えられていることを、より多くの人に知ってもらい、彼ら彼女らとどう向き合えばいいかを一緒に考えてもらうことだ。

当初、最も悩んだのがタイトルだった。「外国人問題」では、外国人が増えていることをネガティブに捉えている印象を与える。「外国人労働者」では労働問題だけに焦点をあてることになってしまう。

試行錯誤の中で出てきたのが〝依存〟という言葉だ。企業も自治体も、そして日本社会も

51	うるま市（沖縄県）	117.2%
52	臼杵市（大分県）	116.3%
53	北斗市（北海道）	115.5%
54	新宮町（福岡県）	114.2%
55	高山村（長野県）	110.9%
56	中城村（沖縄県）	110.8%
57	陸前高田市（岩手県）	109.0%
58	豊見城市（沖縄県）	108.3%
59	合志市（熊本県）	107.5%
60	明和町（群馬県）	107.1%
61	南牧村（長野県）	106.3%
62	玉名市（熊本県）	105.8%
63	篠栗町（福岡県）	105.7%
64	さつま町（鹿児島県）	105.2%
65	宇城市（熊本県）	105.1%
66	出雲市（島根県）	104.1%
67	多久市（佐賀県）	104.0%
68	栃木市（栃木県）	101.9%
69	菊池市（熊本県）	101.0%
70	軽井沢町（長野県）	100.4%
71	伊達市（北海道）	100.0%
72	八代市（熊本県）	99.7%
73	那覇市（沖縄県）	99.3%
74	羽咋市（石川県）	98.8%
75	胎内市（新潟県）	98.7%
76	阿久根市（鹿児島県）	98.3%
77	忍野村（山梨県）	98.1%
78	苅田町（福岡県）	95.3%
79	平田村（福島県）	92.1%
80	宇土市（熊本県）	91.7%
81	石井町（徳島県）	91.6%
82	山形村（長野県）	91.4%
83	八重瀬町（沖縄県）	91.2%
84	新得町（北海道）	91.0%
85	飛島村（愛知県）	89.3%
86	榛東村（群馬県）	88.9%
87	岬町（大阪府）	88.5%
88	八雲町（北海道）	87.8%
89	島原市（長崎県）	86.4%
90	南さつま市（鹿児島県）	86.3%
91	朝倉市（福岡県）	85.5%
92	南風原町（沖縄県）	85.3%
93	一宮町（千葉県）	84.5%
94	つくばみらい市（茨城県）	84.4%
95	石垣市（沖縄県）	83.5%
96	多度津町（香川県）	83.4%
97	中津市（大分県）	83.2%
98	浦河町（北海道）	82.7%
99	多賀城市（宮城県）	81.3%
100	気仙沼市（宮城県）	81.2%

0　200（%）

［総務省「住民基本台帳に基づく人口、人口動態及び世帯数」を基に作成。

2013年を100とした2018年の増加率。増加人数が50人以下の市町村は除く］

市区町村別 外国人増加率 ランキングトップ 100

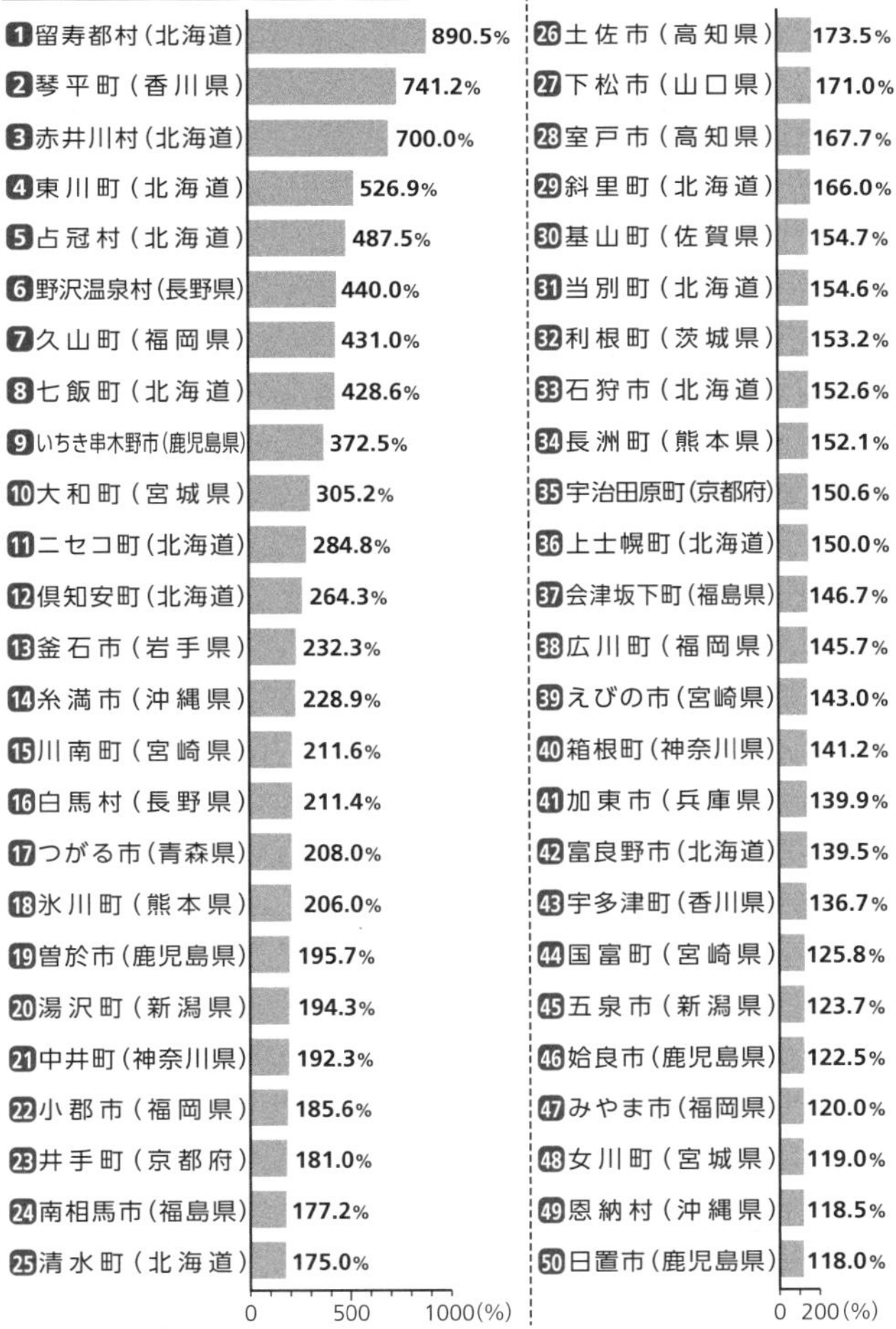
1 留寿都村（北海道） 890.5%
2 琴平町（香川県） 741.2%
3 赤井川村（北海道） 700.0%
4 東川町（北海道） 526.9%
5 占冠村（北海道） 487.5%
6 野沢温泉村（長野県） 440.0%
7 久山町（福岡県） 431.0%
8 七飯町（北海道） 428.6%
9 いちき串木野市（鹿児島県） 372.5%
10 大和町（宮城県） 305.2%
11 ニセコ町（北海道） 284.8%
12 倶知安町（北海道） 264.3%
13 釜石市（岩手県） 232.3%
14 糸満市（沖縄県） 228.9%
15 川南町（宮崎県） 211.6%
16 白馬村（長野県） 211.4%
17 つがる市（青森県） 208.0%
18 氷川町（熊本県） 206.0%
19 曽於市（鹿児島県） 195.7%
20 湯沢町（新潟県） 194.3%
21 中井町（神奈川県） 192.3%
22 小郡市（福岡県） 185.6%
23 井手町（京都府） 181.0%
24 南相馬市（福島県） 177.2%
25 清水町（北海道） 175.0%
0
500
1000(%)
26 土佐市（高知県） 173.5%
27 下松市（山口県） 171.0%
28 室戸市（高知県） 167.7%
29 斜里町（北海道） 166.0%
30 基山町（佐賀県） 154.7%
31 当別町（北海道） 154.6%
32 利根町（茨城県） 153.2%
33 石狩市（北海道） 152.6%
34 長洲町（熊本県） 152.1%
35 宇治田原町（京都府） 150.6%
36 上士幌町（北海道） 150.0%
37 会津坂下町（福島県） 146.7%
38 広川町（福岡県） 145.7%
39 えびの市（宮崎県） 143.0%
40 箱根町（神奈川県） 141.2%
41 加東市（兵庫県） 139.9%
42 富良野市（北海道） 139.5%
43 宇多津町（香川県） 136.7%
44 国富町（宮崎県） 125.8%
45 五泉市（新潟県） 123.7%
46 姶良市（鹿児島県） 122.5%
47 みやま市（福岡県） 120.0%
48 女川町（宮城県） 119.0%
49 恩納村（沖縄県） 118.5%
50 日置市（鹿児島県） 118.0%
0
200(%)

外国人なしでは成り立たなくなっている――。そうした実態を表現するのに最も適した言葉ではないかと考えたのだ。〝依存〟とは一瞬ネガティブな印象を与えるかもしれないが、定義上はそうではない。あえて刺激的な言葉を使うことで耳目を集め、議論のきっかけの1つになって欲しいとの思いも込めた。そのため、随所で外国人割合のことを〝依存率〟という言葉に置き換えて表している。

政府はその後、外国人労働者の受け入れ拡大に大きく舵を切るための検討を進め、2018年12月には出入国管理法を改正。2019年4月には新たな制度が始まった。

私たちはさらに取材を続ける中で、外国人を労働者として受け入れることは、自治体や社会にとっては負担になる可能性もあり、受け入れの態勢や制度が整わなければその家族、とりわけ子どもたちが社会から取り残されるおそれがある実態を目のあたりにしてきた。外国人労働者を受け入れることは単なる数字合わせではなく、「人間」を受け入れることに他ならないのである。

本書ではこうした問題意識に基づいて、独自に分析したオープンデータから実態をひもときつつ、課題を浮き彫りにしたい。多くのメディアや専門家が同様のテーマを取り上げる中、ここで取り上げる内容はごく一部かもしれないが、少しでも現状について知ってもらい、考えてもらうきっかけとなれば幸いだ。

なお、データや人物の肩書き、年齢、取材現場の状況などはすべて取材時点のものである。

データでよみとく
外国人〝依存〟ニッポン

目次

第1章　「労働者」として考える外国人〝依存〟

第2章 「社会の一員」として考える外国人〝依存〟

第3章　「人生」「家族」として考える外国人〝依存〟

1　「誰も知らない」子どもたち

第4章 「移民国家」の事例から考える外国人〝依存〟

あとがき

第1章

「労働者」として考える外国人〝依存〟

1　外国人がいなければ続けられない

「首都圏の台所」を支える外国人

コンビニや飲食店、建設現場などで働く外国人の姿は、東京などの大都市部だけではなく全国各地で珍しくなくなっている。人手不足に悩む現場からは、「外国人はもはや欠かせない存在」という声も聞こえてくる。

ではその実態は今、どうなっているのだろうか。私たちはまず、産業別に、働く人に占める外国人労働者の数を調べてみた。分析は産業別、年代別の労働者数がわかる国勢調査を基に行った。

最も外国人労働者が多いのは製造業で26万人余り。それでも割合で見てみると約2パーセント、50人に1人程度とはそれなりの割合だが、すごく多いという印象は受けないだろう。

産業別外国人“依存率”(20～30代)

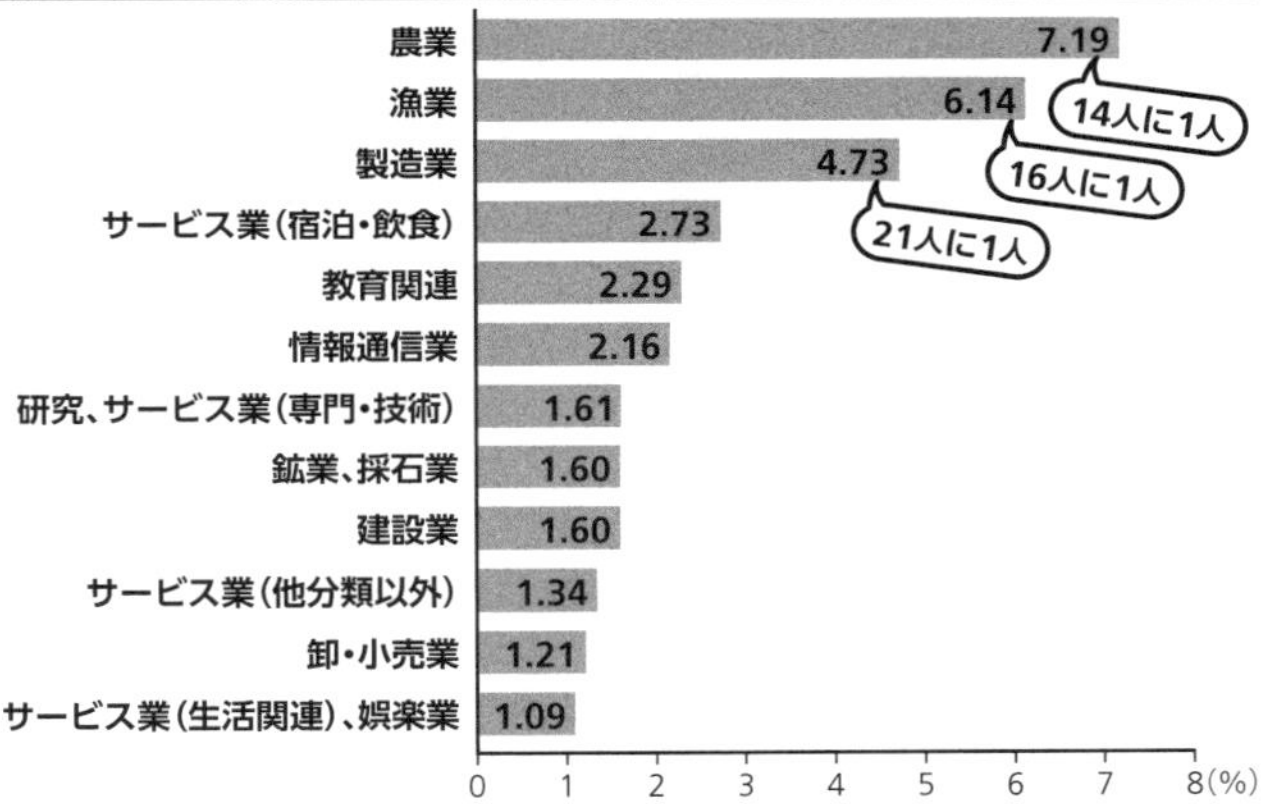

［2015年国勢調査 就業状態等基本集計を基に作成。
産業別に「日本人以外」を外国人として20～30代の全就業者に占める割合］

しかし、担い手不足が深刻な20代から30代に絞ると、その割合はぐっと高まる。上のグラフの通り最も割合が高いのは農業で、約7パーセントと14人に1人が外国人。次いで漁業は16人に1人、製造業では21人に1人。〝依存〟とも言える状況が見えてきた。

〝依存率〟の最も高い農業の現状を調べるため取材に向かったのは、北海道に次いで全国2位の農業産出額を誇る茨城県だ。「首都圏の台所」とも呼ばれる農業大国だが、取材した農家の男性は「外国人がいなければ、東京から野菜が消える」とまで言うほどである。

取材で訪れたある農家では5、6人の若者たちが収穫したばかりの小松菜を選別していた。黙々《もくもく》と作業に励《はげ》む若者たちの1人に声をかけてみると、返ってきたのは「ニホンゴ、ワカラナイ」の言葉。みな、中国やベトナムなどから来た技能実習生だった。実習生たちが栽培した小松菜はその日のうちに出荷され、東京のスーパーに並ぶ。

実習生の様子を見守っていた農家の男性はこう話した。

「このあたりの農家の平均年齢は70歳ぐらいで、跡継ぎがいない家も多い。作業は実習生頼みなのが実情だ。実習生がいなければ

小松菜を選別する技能実習生

農業は続けられない」

農林水産省のデータを見てみると、農業を主な仕事としている「基幹的農業従事者」の数は2010年の約205万人から2019年には約140万人と、この10年近くで60万人以上、率にして30パーセント以上も減少している。しかも、基幹的農業従事者のうち68パーセントが65歳以上の高齢者。平均年齢も2017年のデータで66・6歳となっている。

基幹的農業従事者数の推移

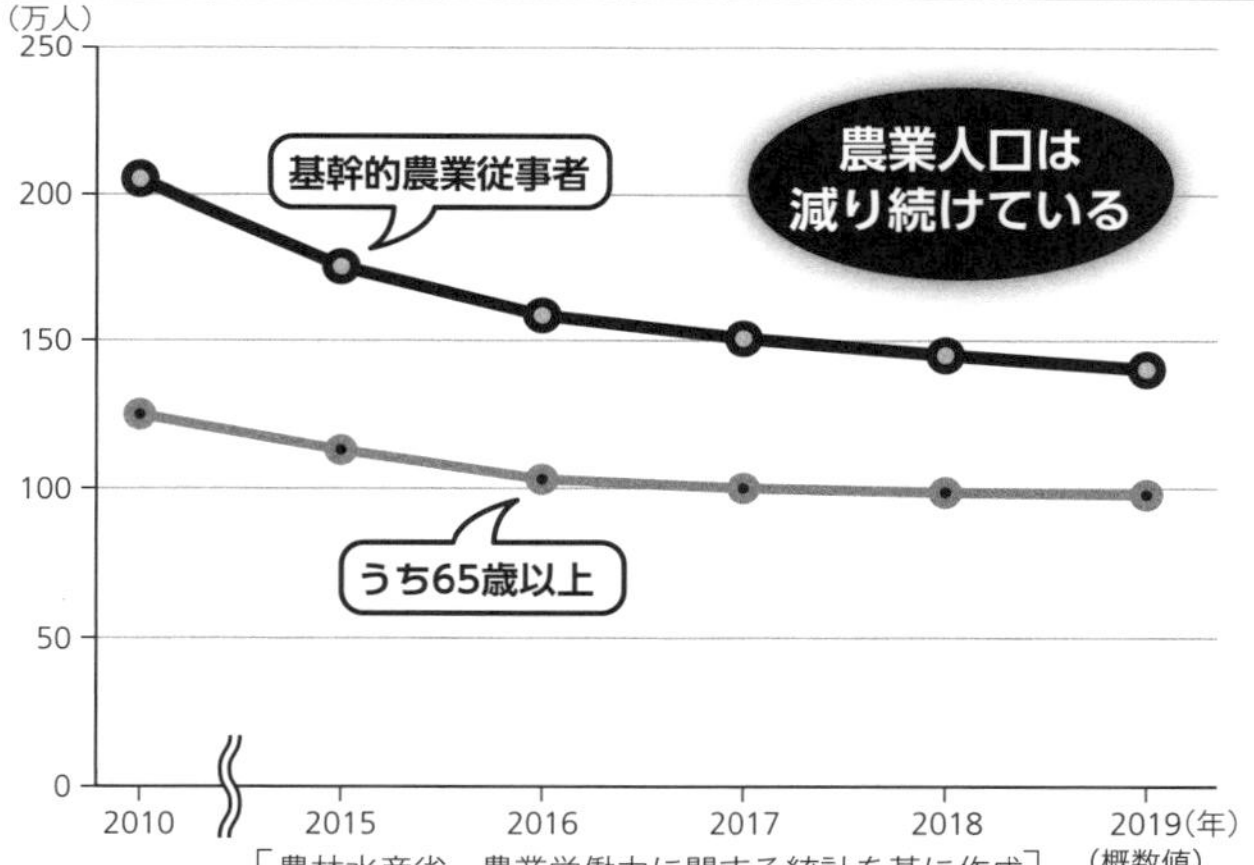

［農林水産省　農業労働力に関する統計を基に作成］

高齢化と担い手の減少が止まらない農業。そこで欠かせない存在になっているのが、海を渡ってきた若者たちというわけだ。

農業に従事している外国人の人数は、１９９５年には全国で約２８００人だったのが２０１５年には約２万１０００人と、20年で７・５倍にまで増えている。

現場を支える若手である20代から30代で外国人は14人に１人だと述べたが、これをさらに都道府県別に見てみると、「首都圏の台所」茨城県ではその割合が３人に１人にまで高くなる（29・64パーセント）。この他香川県では５人に１人、長野県では６人に１人など、７つの県で割合が10パーセ

農業の外国人“依存率” 20～30代

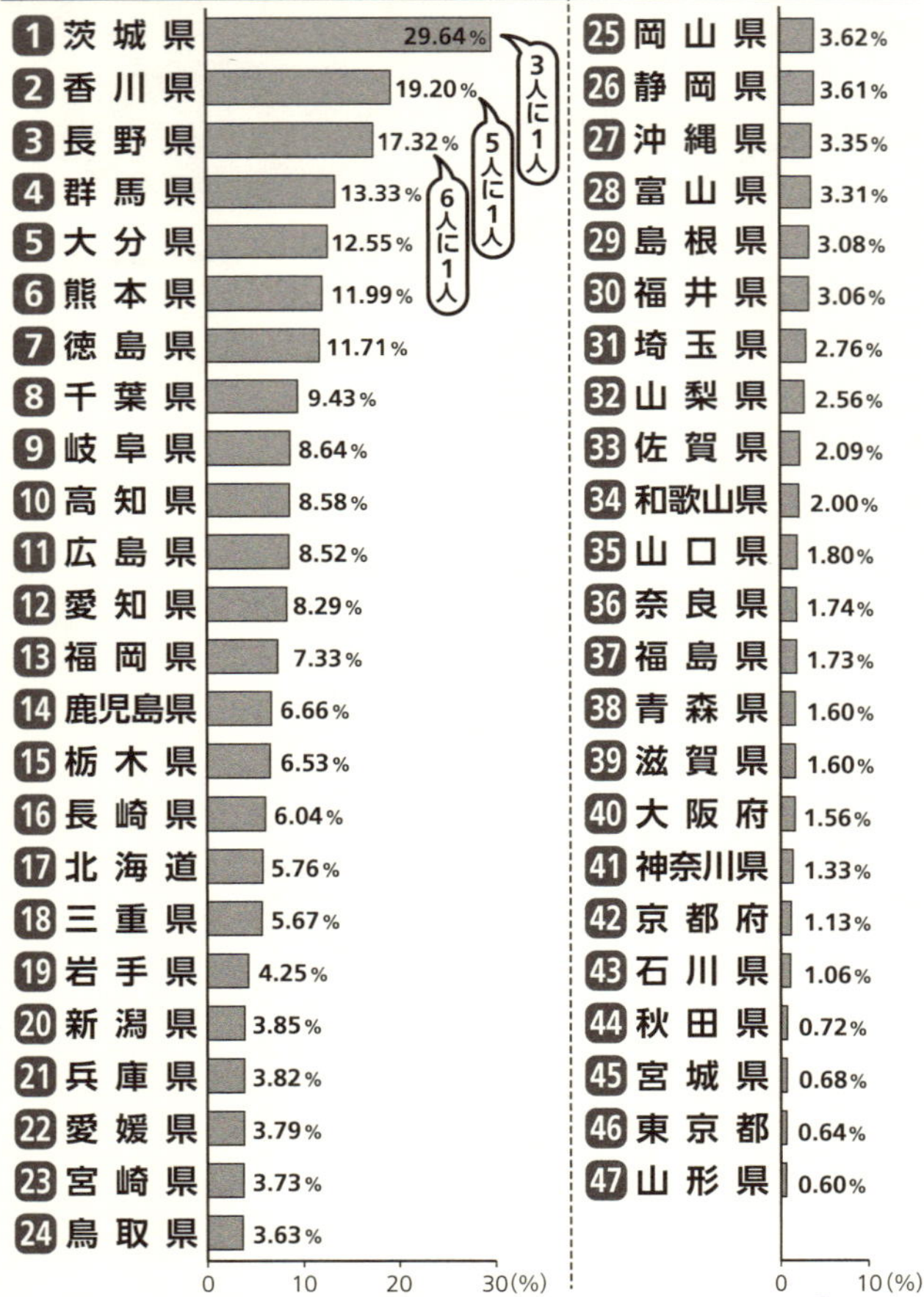

［2015年国勢調査　就業状態等基本集計を基に作成。
「日本人以外」を外国人として20～30代の農業就業者に占める割合］

ントを超えている。

東京大学大学院農学生命科学研究科の安藤光義《みつよし》教授はこう指摘する。

「農業の担い手不足が深刻な中でも野菜を今と変わらずに作ろうとすれば、『人件費の安い海外で安く作って輸入する』か『作り手として外国人に来てもらう』かだ。しかし新鮮さや安心、安全が求められる生鮮野菜は輸入には向かない。外国から技能実習生が来てくれなければ、野菜の収穫量は大きく減り、価格も大幅に上がるだろう」

茨城県の農家の男性が言った「外国人がいなければ東京から野菜が消える」という言葉は、決して大げさなものではないのかもしれない。

特産品のメロンが消えていく――茨城県鉾田《ほこた》市

外国人への〝依存〟が進む農業。そんな中、異変が起きている地域があった。

メロンの産出額日本一を誇る茨城県鉾田市では、近年、畑の風景が変化している。特産であるメロンの栽培をやめて、小松菜などの葉物野菜に切り替える農家が続出しているのだ。約600戸あったメロン農家はこの10年間で半減。一方、小松菜を栽培する農家は5年でほぼ3倍に増えた。

産地に異変をもたらしたのが「技能実習生」だというのだ。

「こんなに大勢の外国人を使うようになるとは思わなかった……」。こう話すのは、鉾田市で農業を営《いとな》む50代の男性だ。

男性が初めて実習生を受け入れたのは14年前。長年「家族経営」でメロンを育ててきたが、両親が高齢となり体力的に農作業が難しくなったのがきっかけだった。若い実習生が入ったことで作業は楽になり、これなら両親がいなくてもメロン作りが続けていけると、当初は安心したそうだ。

しかしメロンは収穫が年に1、2回で、つまり収入があるのはその時期だけ。農作業が暇な期間も長く、その間は実習生の手が余ってしまう。収入がない時期、仕事がない時期にも毎月実習生に賃金を支払うのは、新たな負担となった。

メロンを取るか、実習生を取るか——。

「メロン作りを始めた親は、実習生を雇うのをやめて家族で栽培を続けようと、泣いて反対しました。でも、親がもっと年を取って働けなくなったら、私と妻だけでは農業が続けられなくなるのは目に見えていました」

悩みに悩んだ末に、男性は長年続けてきたメロン栽培をやめた。代わりに育て始めたのは、小松菜や水菜といった葉物野菜だ。年間を通じて栽培でき、実習生に毎月賃金を払うにはうってつけだった。

今では実習生を6人にまで増やし、耕地面積も2・5倍。気づけば「家族経営の農家」から「農業経営者」になっていた。売り上げも2倍になったそうだ。

「稼ぐ大規模農家ほど、外国人への〝依存〟も進む傾向にある」。ＪＡ茨城県中央会の幹部はそう話す。それを裏付けるように、農業に従事する外国人の人数と１農家あたりの耕地面積は比例関係にある。規模を拡大し、農作物の販売金額が１億円を超える〝稼ぐ農家〟も続出。減少傾向だった産出額も２００２年以降増加に転じ、２００８年以降は全国２位の座を守っている。その躍進を支えるのが、実習生だというのだ。

「実習生を受け入れることで収穫量が増え、人手があるので耕地面積を増やし、さらに実習生を増やすという循環でどんどん売り上げを伸ばす農家が増えています。もはや実習生がいなければ茨城の農業は成り立たないのです」（ＪＡ茨城県中央会の幹部）

実習生がいるからこそ維持できた側面のある「首都圏の台所」の看板。しかしその先行きには不安もある。

先ほどのメロン栽培をやめた農家の男性も「今は悔いはない」と話す一方で、不安も漏らした。

「最近は他の産地も実習生を増やしていて、いい実習生に来てもらうのが難しくなってきています。もし実習生がいなくなれば、今の規模の耕地はとても維持できない。そうなったら、農業をやめるしかないでしょう」

日本側の窓口として鉾田市の農家に実習生を送っている監理団体の幹部で、自らも農業を営む男性もこう話す。

「他の地域や産業との実習生の奪い合いは激しくなってきています。中国もベトナムも国内の賃金が上がる中で、いつまでも技能実習生として日本に来てくれる人材がいるだろうか。実習生が確保できなくなったら、茨城の農家の多くは立ち行かなくなる。そうなると東京から野菜が消える……」

中国やベトナムなどからやってきた技能実習生たちの中には、配偶者や子どもを故郷に残してきた人もいる。そんな実習生たちにとって、スマートフォンは手放せないもの。休憩時間や一日の仕事が終わった後にはＳＮＳやテレビ電話ができるアプリなどで家族と連絡を取り合う姿が見られた。来日している実習生同士もＳＮＳで情報を交換し合っているので、「あの地域は賃金が低い」、「待遇が悪い」といった不満はすぐに広がり、次からの実習希望者の減少に直結する。

鉾田市で実習生を受け入れている農家を取材すると、宿舎にネット環境を完備するのは当たり前。宿舎を新築したり、家電製品を買いそろえたりと、実習生の待遇に気を配るようになったと言う。休みの日には食事や遊びに連れていったり、期間を終えて帰国した実習生を訪ねて中国などに遊びに行ったことがある農家もいた。実習生との付き合い方も変化しているようだ。

難しい栽培、荒れゆくみかん畑――愛媛県西予《せいよ》市

外国人の力を頼りにして、特産品の栽培をあきらめて他の作物に切り替えることで生き残りを図る農家。その一方で、取材を進めると、外国人に頼ることもできず、廃業を待つだけという農家の苦悩が露呈された。

その１つが、みかんだ。

取材に訪れたのは愛媛県。空港には「ポンジュース」の出る蛇口が設置されていることで有名な、みかんの一大産地だ。農業現場で働く若手に占める外国人の割合は約3・8パーセントとなっている。

西予市にある「無茶々園」は80軒もの農家が加入する大きな農業法人だ。日本人の従業員は50代以上が中心だが、15年前から外国人技能実習生の受け入れを始め、今では20～30代のベトナムとフィリピン出身の実習生約20人が働いている。

この組織では、みかんの栽培だけでなく、みかんジュースなどの加工品の製造や、大根や玉ねぎといった野菜の栽培も手がけている。実習生を受け入れることで人手不足が解決しただけでなく、みかんの収穫期以外にも年間を通して収益が上がるようになり、経営が安定したそうだ。理事の村上尚樹さんは「若い実習生がいなければ、もうみかん栽培は続けていけない」とさえ言う。

みかん畑で作業する津田さん

しかし、このように外国人を活用するケースは、実はみかん農家では少数派だ。大きな理由の1つが、愛媛県のみかん農家のほとんどが家族経営であることだ。中国四国農政局によると、みかん農家の家族経営の割合は実に99パーセント。先の「無茶々園」のような大きな組織は極めて珍しいのだ。

家族でみかんを育ててきた、津田正利さん（67歳）に話を聞いた。自ら土地を買い、50年にわたって守り続けてきたみかん畑は、手を使わないと上れないほどの急斜面にある。

２人の子どもは農業を継がず夫婦２人で栽培を続けてきたが、年を取るにつれて剪定《せんてい》や草取り、収穫などの作業に苦労するように。このため、かつて４ヘクタールあった畑は２・５ヘクタールにまで減らした。

しかし津田さんは、人手が足りなくても実習生の受け入れは考えられないと言う。

「みかんの収穫期は年に１回で、収入があるのもその時期だけ。実習生を受け入れるとなれば収穫期だけではなく、仕事や収入がない時も一年中給料を支払わなければならない。細々と農業をやっている自分にそれほどの経営体力はない」

急斜面に広がるみかん畑は、メロンなどとは異なり、他の作物への転換は難しいのだ。

津田さんは、自分の代でみかん農家をやめようと考えている。畑を引き取ってくれる人を探しているが、周りの農家も高齢となり、同様に跡継ぎもいない。

愛媛県のみかん農家は、その70パーセント近くを65歳以上が占める。廃業に歯止めがかか

みかん農家の数と出荷量（全国）

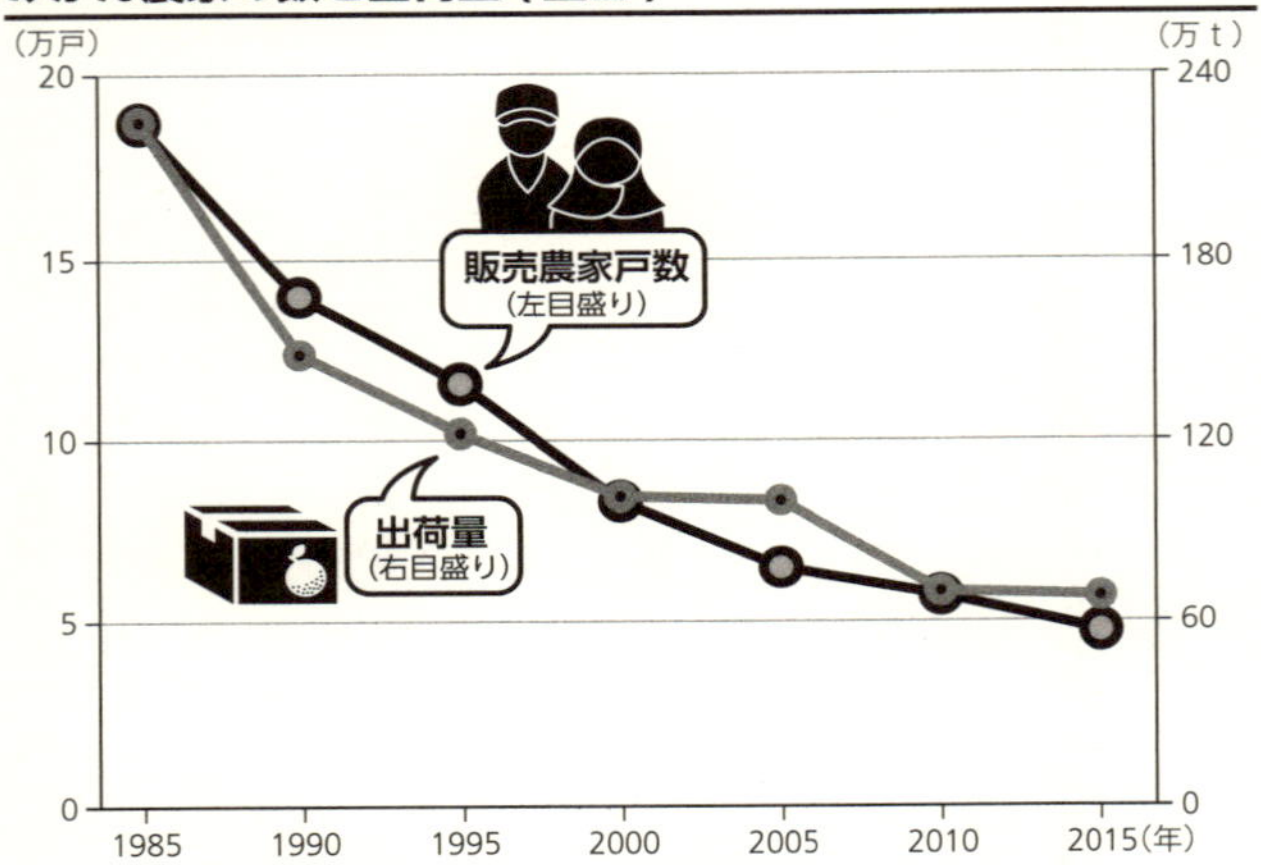

［農林水産省 農林業センサス、果樹生産出荷統計を基に作成］

らないのが現実なのだ。周囲には、耕作を放棄された畑が目立つようになった。

「昔はこの地区の段々畑一面にみかんの花が咲き、実がなって。荒れていく姿を見るのは悲しいが、これが現実なんだろうね」（津田さん）

全国的に見ても、みかん農家の数は減少し続け、出荷量もピーク時の４分の１にまで落ち込んでいる。愛媛のポンジュースも、みかんの生産量の落ち込みで原材料費が高騰したとして、２０１８年３月、11年ぶりに約２割値上がりした。日本園芸農業協同組合連合会の担当者は「生産基盤の弱体化は深刻。このまま出荷量が減り続ければ値段が高い状態が続くこともあるかもしれな

繁殖農家数の推移

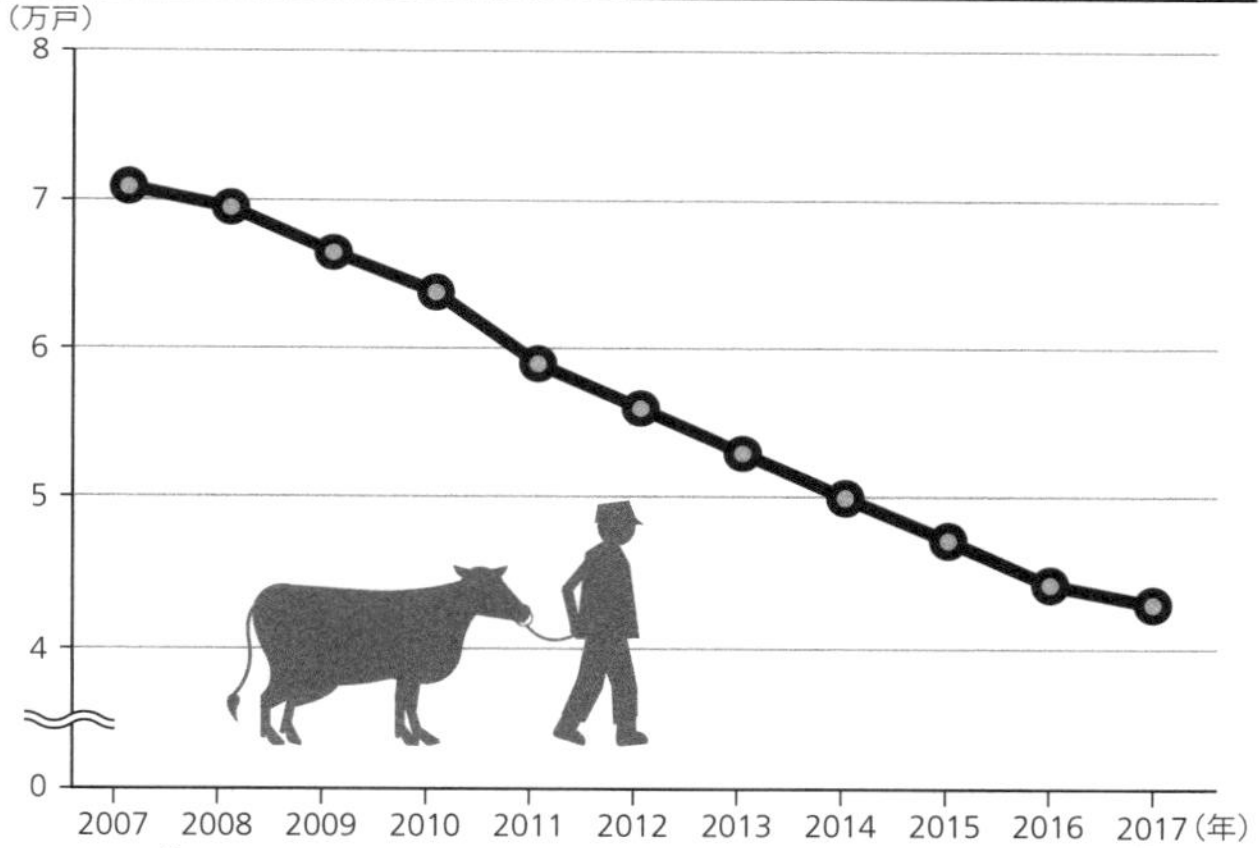

［農林水産省 畜産統計調査 子取り用めす牛飼養戸数を基に作成］

い」と話す。

値上がりする和牛――宮崎県

担い手不足を背景に価格が上がる食べ物は、みかんだけではない。その1つが「和牛」だ。

すき焼きなどに使われる和牛の「肩肉」の一般的な小売り価格は、最も安かった2012年に比べて10年間で2割以上も高くなっている。

海外での和牛人気の高まりによって輸出量が増加したことも理由にあげられるが、生産量の減少も大きな要因だ。子牛を売る「繁殖農家」の廃業が相次ぎ、戸数は10年間で6割減少している。

廃業を食い止めることはできないのか。訪ねたのは、全国有数の子牛の産地、宮崎県の小林市だ。繁殖農家の岡原文男さん（82歳）は、自宅に隣接した牛舎に9頭の母牛を飼い、年間7、8頭の子牛を出荷している。競りでは100万円を超える価格がつくような優れた子牛を育てる〝すご腕〟と評判だ。

「牛が好きでないと続けていかれん仕事よ」と言う岡原さん。毎日の牛舎の清掃やエサやりはもちろん、母牛の様子を細かく観察して発情に気づき、タイミング良く受精を行って妊娠させる。難産になれば深夜の介助も当たり前だ。

しかし岡原さんは、自分の代で廃業すると決意している。3人の娘は皆、結婚して市外や県外にいるため、後を継ぐ人がいないのだ。

宮崎県の繁殖農家のほとんどは、岡原さんのように小規模な家族経営のスタイルだ。和牛の需要が高まっても、手間がかかり専門性を求められる仕事を継ごうと考える人は少ないため、後継者不足で廃業を決意する人たちが後を絶たない。

海外でも人気があり高値で取り引きされる和牛は、収入につながる。人手が足りないなら、実習生を受け入れるのもひとつの手ではないのだろうか。

しかし農林水産省によれば、業界団体に「技術や遺伝資源の海外流出を避けたい」思いがあり、宮崎県内で外国人実習生を受け入れる農家はほとんどないそうだ。

外国人技能実習制度は発展途上国の人材を育成し技能を移転するのがそもそもの目的であるため、技能を移転するわけにいかない和牛の繁殖には合わないというのだ。

岡原さんも実習生の受け入れは考えていない。母牛を見つめながら「体が動かなくなったら終わりだな」とつぶやいた。

和牛を育てる岡原さん

和牛やみかんだけでなく、チーズやヨーグルトも酪農家の担い手不足が影響して、値上げの動きが現れている。

外国人労働者に頼ることもできない農業の現場は、どうすれば生き残れるのか。私たちが当たり前のように食卓で目にしてきた食材が、手の届かない贅沢品になる日が来るかもしれない。

止まらぬ担い手不足の中での模索
——愛媛県八幡浜《やわたはま》市　北海道小清水町《こしみずちょう》

担い手が減り続ける日本の農業。国の政策研究機関である農林水産研究所は、全国各地を「都市的地域」「平地農業地域」「中間農業地域」「山間農業地域」に分けてその将来を予測している。

それによれば2010年から2050年の40年間で、山間農業地域の人口が385万人から130万人と3分の1に減少し、その約半数が65歳以上になると予測されている。比較的人口の多い平地農業地域でも、1200万人から738万人と約4割減少し、高齢化率が40パーセントを超える。

農林水産研究所の予測では、日本全体の人口減少によって集落の小規模化はいっそう進行し、山間農業地域では2050年、集落の3割が人口9人以下の「無人化危惧集落」になるという。

「人口が9人以下」かつ「半数以上が65歳以上」になると予想される集落に所在する農地は、2050年には27万ヘクタールと、日本の農地全体の約6パーセントにもなると推計されており、農林水産研究所は「担い手がまだ存在しているうちに農村の維持再生を図るための取り組みを早急に開始する必要がある」と危機感を募らせている。

農業経営者の育成に取り組む日本農業経営大学校の堀口健治校長は、調査のために全国の農場を回っているが、至る所で「日本人が来てくれない、雇用してもすぐに辞めてしまう」

という嘆きを聞くそうだ。

そして同時に目にするのが、止まらない外国人への〝依存〟である。例えば茨城県八千代町では農家の平均的構成が家族3人と外国人実習生3人になっている他、北海道や九州でも農業に従事する外国人の存在感が増しており、彼ら彼女らがいなければ農業を続けられないのが現状だ。

一方で、明るい兆《きざ》しもある。深刻な担い手不足を何とか改善するための取り組みが各地で始まっているのだ。みかんの一大産地である愛媛県八幡浜市と、小麦やじゃがいもなどの畑作が盛んな北海道小清水町のJAは2017年、人手不足を補い合おうと姉妹協定を結んだ。みかんの収穫期は11月から12月だが、北海道はこの時期は農閑期。一方、北海道で農作業が始まる春ごろ、みかん農家はそれほど人手がいらなくなる。若手の生産者を互いに派遣するなどして、繁忙期の人手不足、農閑期の仕事不足をまとめて解消する取り組みだ。

他にも穀物の収穫や脱穀を行うコンバインを、収穫期が異なる2つの地域で共同購入して融通し合うことで費用を抑えながら作業効率を高める、地域を越えた連携の動きが各地で見られる。また、栽培に手間のかからない品種や手法の開発、コンバインや田植え機の自動運転といった技術の開発も進んでいると堀口校長は話す。

もうひとつ、堀口校長が期待しているのが、若い世代の発想力だ。兄弟で農家を継ぎ加工販売まで手がけて収益を上げたり、長年の勘や経験が必要で手間もかかるとされる牛の繁殖をＡＩで管理したり、自前でコンバインの自動運転を研究したりと、興味深い若手が次々と出てきているそうだ。

堀口校長は「農家の出身ではないが農業をやってみたい若者や、大きな農業法人に就職する新規学卒者もいる。彼らの挑戦をいかにサポートし、成功モデルを作っていくのか。この5年ほどが、日本の農業の未来をつなぐラストチャンスだと思っている」と語る。

〝外資系〟になった漁業――広島県東広島市

「うちの若手は半分が外国人でさ」

知り合いにこう言われるとまずイメージするのは、外資系企業ではないだろうか。ところがこれは金融機関やＩＴ企業の話ではない。舞台は冬の味覚「カキ」の全国一の産地、広島県の漁業現場だ。

先述したように、私たちは国勢調査のデータを元に20～30代の漁業従事者の外国人〝依存

減少する日本の漁業者数

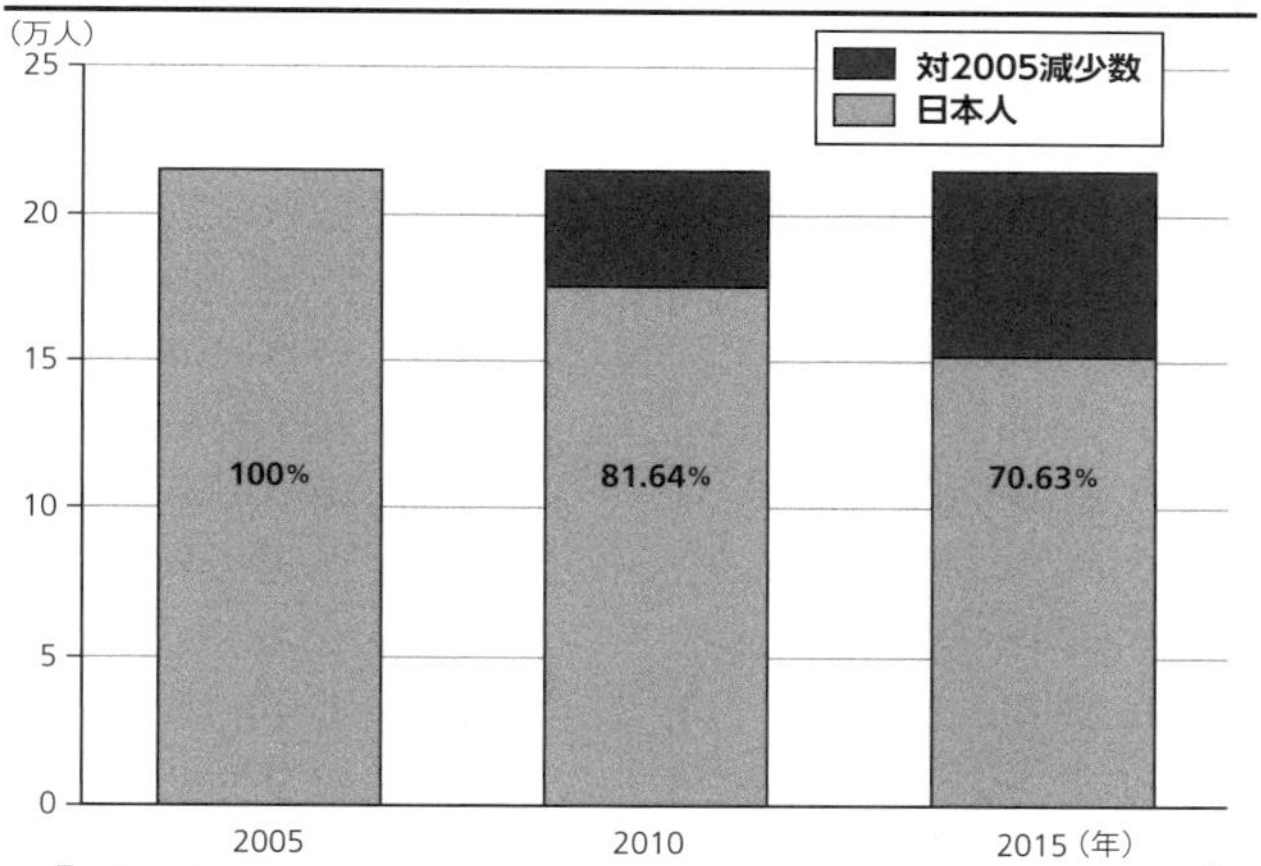

［国勢調査を基に作成。「日本人」の人数と、「日本人以外」を外国人とした人数］

度〟（＝外国人の割合）を分析した。その結果、広島県ではなんと２人に１人を外国人が占めていることがわかった。他にも高知県では３人に１人、宮崎県は４人に１人となっている。

漁業が盛んな各地で外国人労働者の割合が急速に高まっているが、背景にあるのはやはり、日本人労働者の減少である。日本人の漁業従事者は10年間で約６万３０００人、３割近くも減っているのだ。

広島県のデータを詳しく分析すると、特に目立つのが２０１０年から２０１５年にかけての変化だ。外国人の人数が１２２人から４９９人と４倍に急増。これによって、２００５年から２０１０年には減少してい

漁業の外国人“依存率” 20〜30代

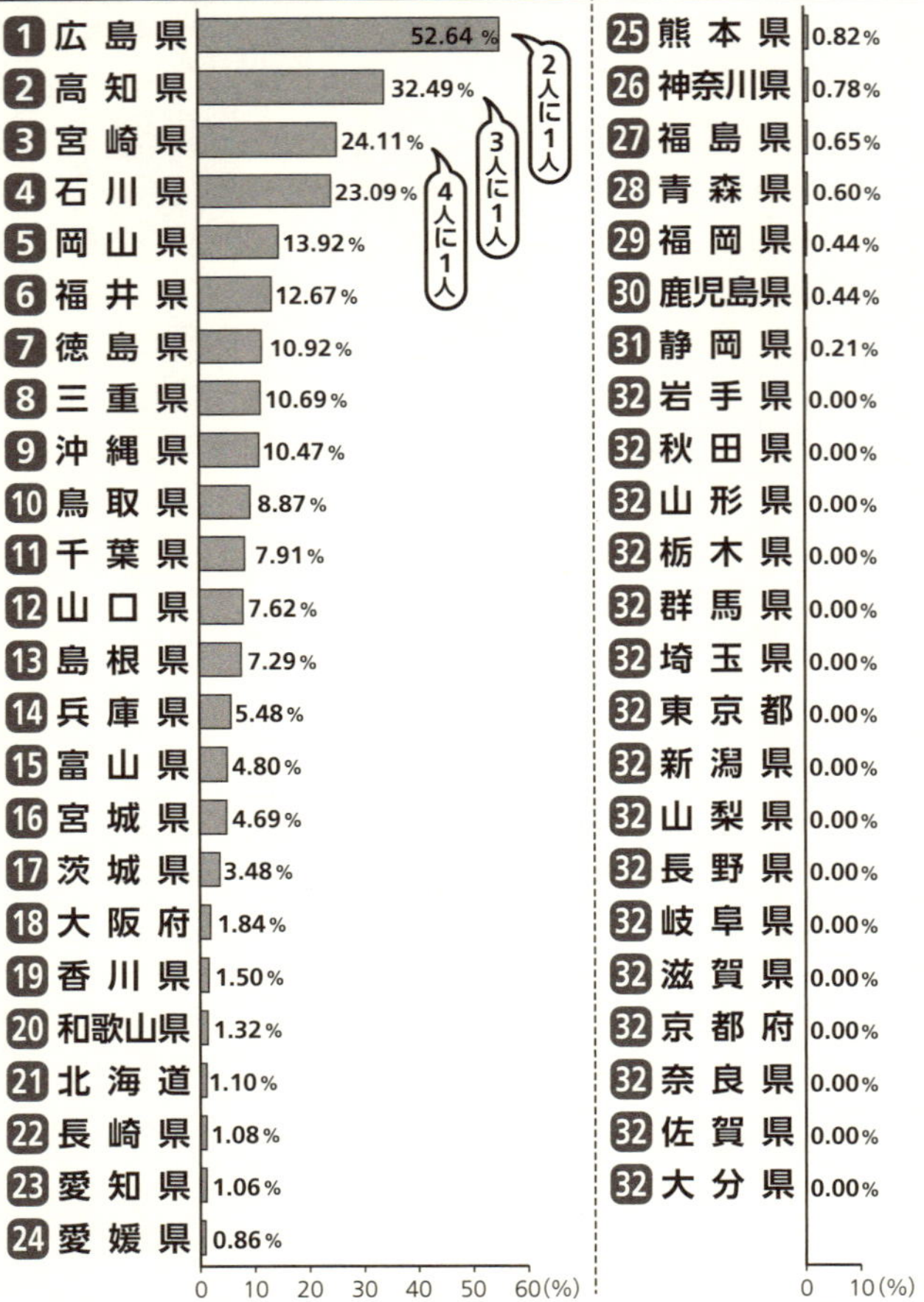

［2015年国勢調査　就業状態等基本集計を基に作成。
「日本人以外」を外国人として20〜30代の農業就業者に占める割合］

広島県の漁業者数 20～30代

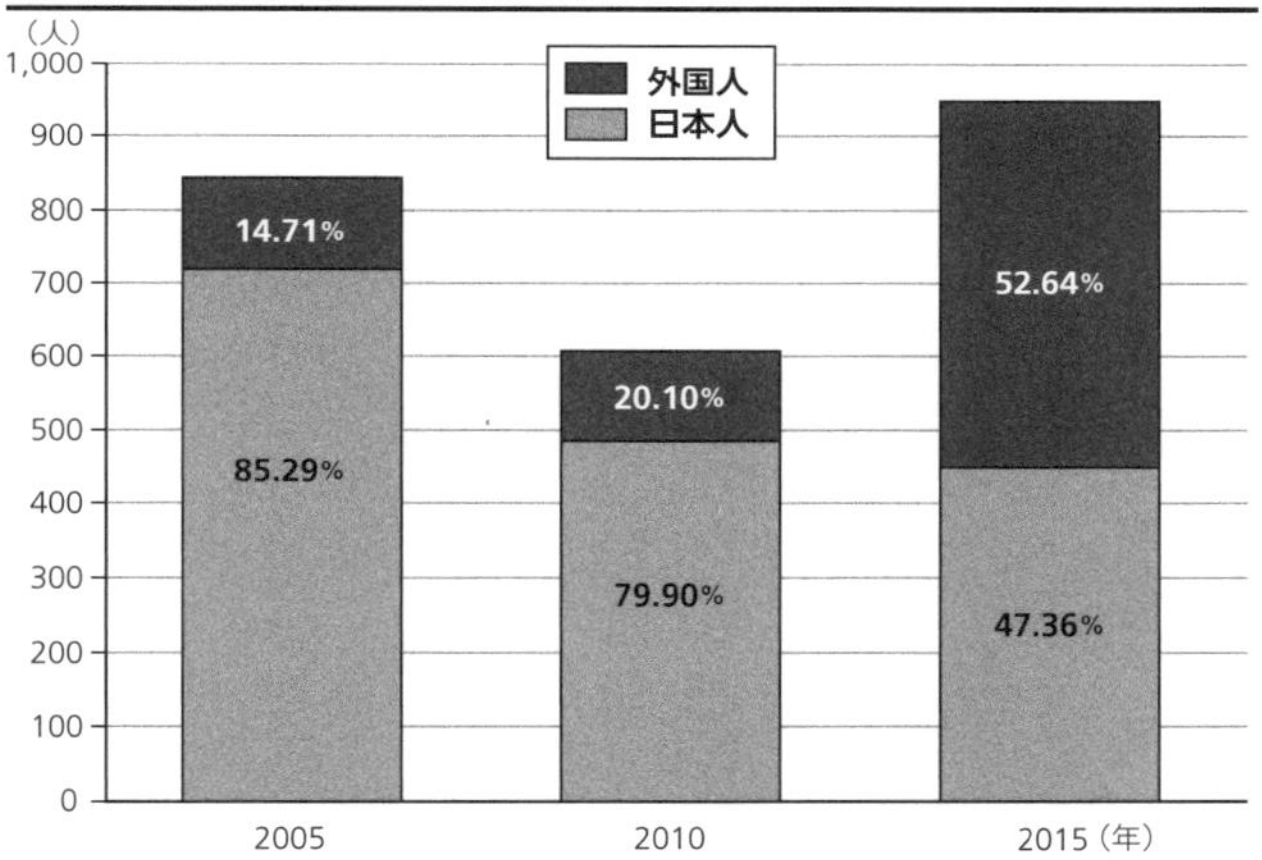

［国勢調査を基に作成。「日本人」の人数と、「日本人以外」を外国人とした人数］

た若手漁業者全体の人数も増加に転じている。この間、日本人の若手は減少に歯止めがかかっていない。5年間で一気に〝依存度〟が高まったことがわかる。

広島県の実情を探ろうと私たちが訪ねたのは、東広島市にある安芸津《あきつ》漁港。取材した12月には冬の味覚、カキの水揚げが週に6日行われていた。

午前6時半。「オハヨウゴザイマス」と取材班を迎えてくれたのはフィリピンと中国からの技能実習生。2人は生産者の美野英正さんと漁船に乗り込むと、5分ほどでカキいかだに到着した。実習生たちは竹で組まれたいかだの上をするすると歩いて行

カキを水揚げする技能実習生

き、手慣れた様子でカキがつるされたワイヤーを船のクレーンに取り付け、引き上げる。１時間余りで約２００キログラムのカキが水揚げされていった。

安芸津漁協のカキ生産者は9軒。そのすべてが実習生を受け入れている。漁協のカキ生産組合長を務める美野さんの父親・洋次さんは「中には生産者と実習生だけってところもおる。日本人の若い人らは、汚い、くさい、いう感じで来てくれんけえ」と話す。安芸津のカキ生産者が実習生の受け入れを始めたのは10年ほど前。今では常時25人以上受け入れている。

水揚げが終わると、実習生の2人が殻をむいて身を取り出す「カキ打ち」の作業に入った。かつては近所の主婦らが担っていたこの作業。今では「打ち子」も高齢化してほとんどが60歳以上になり、働く人も年々減っているそうだ。

先述の通り、広島県内の漁業従事者は日本人に限ると10年間で3割減少している。技能実習生を受け入れなければどうなるのか、という疑問が浮かぶ。安芸津漁協にもかつて20余りのカキ生産者がいたが、高齢化などを理由に廃業が相次ぎ、現在は半分以下の9軒になっている。

洋次さんは、外国人がいなくなると、今までどおりにカキが私たちの食卓にのぼらなくなる可能性すらあると言う。「日本人の若い子らにも、会社勤めができん子育て中とか、年取ってからだけでもカキやらんか？　って誘うんじゃけど見向きもされん」

一方、作業場で自身もカキを打つ妻の澄江さんは「でも実習生の子らがいてくれればね、私らが年取っても続けられるけえね」と語る。

広島県内では２０１３年に江田島《えたじま》市で、カキ養殖会社で働く中国人技能実習生が社長と従業員の２人を殺害、７人にけがをさせ、無期懲役の判決を受けるという事件が起きた。これについて洋次さんに聞いてみた。

「安芸津でも実習生が来日して１週間くらいでおらんようになったこともあったけど。でも、気にならんですよ。うちに来とる子らはやる気もあるしね」

カツオ一本釣りも外国人が――高知県

海外から来た人たちの力で漁業が成り立っているのは、広島だけではない。「３人に１人が外国人」の高知県で実習生が働くのは、伝統のカツオ一本釣りの船の上だ。高知県では外国人受け入れのため、19年も前に室戸市に研修センターが設置された。今では毎年50人ほどの実習生が訪れる。

実習生たちはセンターで約3カ月間、日本語や漁業の知識について学んだ後に船上の人となる。そこで1年、2年と経験を積み、3年目になれば立派な一本釣り漁師だ。小型の船であれば乗組員はだいたい10人。そのうち2人が外国人という漁船も多い。多くの船が漁師不足に頭を抱える中、3年の実習期間で帰国するのがもったいないとの声も聞こえてくる。

実は、漁業の外国人〝依存〟はさらに進んでいるという指摘もある。遠洋漁業では日本国籍ではない人を漁船員として雇用し、水揚げなどの際に一時的に日本の漁港へ上陸できる「マルシップ」という制度があるためだ。

特に外国人への〝依存度〟が高いと思われるのが、かつお節の原料となるカツオを主に南太平洋の漁場で取り、日本各地の港に水揚げする「海外まき網漁業」だ。

鹿児島大学水産学部（当時）の佐々木貴文准教授によると、巻き網漁船の乗組員の約4割がインドネシアやパプアニューギニアなどの外国人だそうである。国内で生産されるかつお節の原料となるカツオのうち、実に6割がこの漁法によってまかなわれていることを考えると、彼らは必要不可欠な存在だ。

佐々木准教授は「日本が誇る和食文化に欠かせない、だしを取るためのかつお節の多くが外国人がいないと手に入らないということです。さらに言えば、水揚げした後、カツオを削って加工する水産加工会社にも多くの外国人が働いている。和食とはいったい何かとさえ考えさせられる」と話してくれた。

マルシップ制度の利用者は国勢調査や住民基本台帳に含まれないため、全体像を把握するのは困難だ。様々な漁業の現場で働く外国人がいないと、私たちの日々の食卓はいったいどうなるのだろうか。

変わる製造業現場の雇用――静岡県掛川市

ここまで農業、漁業と一次産業の変化を見てきたが、最も多くの外国人労働者が働く製造業でも、時代とともに〝依存〟の実態に変化が見える。

20〜30代の製造業に従事する外国人が愛知県に次いで多い静岡県では、今、正社員として働く外国人が増えている。

県の調査では、２００７年、県内に住むブラジル人のうち正社員の割合は11パーセントだったが、最新のデータでは26パーセントと15ポイント増加しているのだ。背景にあるのは、

2008年のリーマンショックだ。業績が悪化する中で多くの企業が派遣労働者として働く日系ブラジル人を「派遣切り」したことが影響している。

中には派遣切りにあったブラジル人が自ら会社を設立し、同郷の仲間を雇うケースまである。掛川市にある食品の輸入販売会社では社長も含め全員がブラジル国籍で、13人いる従業員は全て正社員だ。

一方、人手不足の中で外国人の雇用方法を変える動きもある。浜松市の自動車部品メーカーでは、かつて従業員の約3分の1、最大30人の外国人が派遣社員として働いていたがリーマンショックで製造していた部品の受注が大幅に減少したため、その数を一気に減らした。その後、独自技術の活用で業績は回復していったが、今度は派遣労働者がなかなか集まらなくなっていた。仕事を失った多くの人が母国へと帰っていたからだ。そこで9年前から技能実習生の受け入れに舵を切り、今ではフィリピン人の技能実習生が派遣労働者よりも多く、従業員全体の16パーセントを占めるまでとなった。

しかし、技能実習生は最長で5年間しか日本に滞在できない。いくら優秀な人材でも会社をずっと支え続けることはできないのだ。会社では今後、少子化が進む中、雇用の対象を日本人だけに絞っていては会社を担う人材は集まらなくなると危機感を抱いている。

この会社の社長は次のように語った。「人手が減ったら逆に選ぶ会社はいっぱい増える。うちのような中小企業、しかも製造業はどんどん来る確率が低くなる。もちろん魅力をつくって一緒になってやろうという人が来てくれればいい。だからそういう日本人を求めているけど、それでも足りないなら外国の人で同じ夢を持って来るなら、っていうことだね」

オリンピックを支える外国人労働者

なお、ここまで分析してきた〝依存度〟のデータは5年に一度行われる国勢調査の結果を基にしているため、今では状況がさらに進んでいる可能性が高い。

実際、厚生労働省が毎年発表している「外国人雇用状況」によると、外国人労働者の数は2015年10月末時点の約90万7000人から2017年10月時点で約127万8000人と、わずか2年間で約37万人、40パーセントも増加している。製造業では2年間で30パーセント（9万人）、建設業では倍近い89パーセント（2万6000人）も増えている。サービス業では飲食と宿泊で合わせて47パーセント（5万人）増えている。

特に増加が著《いちじる》しい建設業では2020年の東京オリンピック・パラリンピックを控え、企業が急速に雇用を拡大しており、五輪関連の現場で働く外国人労働者も多い。歴史的なプロジェクトにも外国人の存在が欠かせないのだ。

2　選ばれない国・日本

がらがらの日本語クラス――フィリピン

2019年4月に始まった外国人材の新たな受け入れ制度。この制度の下、さらなる〝依存〟が進むと思いきや、そう単純にはいかない事情もある。

例えば人手不足解消の期待が特に高い介護の分野では、業種別で最も多い、5年間で6万人の受け入れを見込んでいる。しかし、「送り出す」側の国を取材すると、そんなに多くの外国人が日本へ来てくれるのか、疑問を抱かざるをえない実態が見えてくるのだ。

フィリピンは毎年1万人を超える介護士を海外に送り出している国だが、その首都マニラにある介護士養成学校では意外な光景が広がっていた。学校は日本での需要の高まりを見越して２０１８年7月に日本語クラスを新設したが、約４００人いる生徒のうち応募したのはわずか10人程度。空席だらけの教室は、日本の不人気を如実に示していた。

それでは、人気の高い国はどこなのか。養成学校に通う生徒たちに行きたい国を尋ねると、3人に2人の割合で「カナダ」という答えが返ってきた。英語が公用語の1つになっているフィリピンでは英語を話せる人が多く、英語圏の人気が高くなっている。

理由は言語だけにとどまらない。カナダを目指す生徒の1人、クリスチャンジョン・ユーさん（22歳）に話を聞くと、決め手は「永住権」だと言う。カナダでは大学卒業資格などの条件を満たしていれば、一定期間介護の仕事をすると永住権を得られる。ユーさんはフィリピンの大学を卒業し、医療用の放射線技術の学位を持っている。介護士をきっかけとしてカナダへ渡り、ゆくゆくは放射線技師になりたいと考えているのだ。

「カナダに行ったら介護の仕事の合間に放射線技師の資格を得る勉強もするつもりです。お金を稼ぎながら永住権も得られる。時間を無駄にせずキャリアアップできるのはとても魅力的です。カナダで数年働き、永住権を取得できたら家族を呼び寄せたいんです」

ユーさんには日本で暮らす親戚がいて、日本に行くことも考えたそうだ。しかし、時間と費用をかけて日本語を勉強しても、技能実習生として働けるのは最長でも5年。給与もカナダに比べて低いことがわかり、行き先の候補から外れた。

「日本は大好き。日本に長く暮らせるなら日本語をもっと真剣に勉強したかもしれない」とユーさんは話してくれた。


フィリピンから海外へ出稼ぎに行く人の就職先確保や手続き、権利保護を担当する海外雇用庁のトップ、ベルナルド・オラリア長官は「このままではフィリピン人の介護士は日本を選ばないでしょう」と言う。

「台湾、香港、シンガポール、カナダ、ポーランド、イスラエルなど、高齢化に直面する各国・地域の担当者が私に会いに来て、フィリピン人介護士を熱望しています。日本だけがフィリピン人介護士を求めているわけではないことを、日本政府はまず自覚する必要がありますす」

集まらない介護人材——ベトナム

現在、最も多くの技能実習生を日本に送り出しているベトナム。ここでも、日本で介護を担う人材を集めることが難しくなっている。

首都ハノイにある送り出し機関の１つは、日本側のニーズの高まりに対応するため、数億円をかけて介護実習生専用の全寮制施設を整備した。日本側から寄せられている求人数は１０００人。しかし、その４分の１しか実習生を集めることができていない。

なぜベトナムでも介護人材が集まらなくなったのか。要因となっているのが、日本の介護現場で働くベトナム人たちがＳＮＳへ投稿している体験談だ。

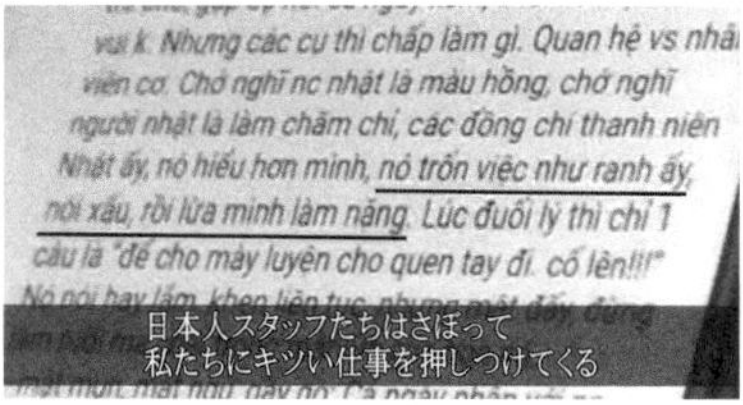

SNS上に投稿された体験談

そこには「日本人スタッフたちはさぼって私たちにキツい仕事を押しつけてくる」、「いつも暴言を浴びせられながら介護をするのは幸せですか」、「自分たちはさぼって、仕事を押しつけてくる日本人スタッフもいる」などと厳しい労働環境、そして外国人ゆえに味わう辛い体験が赤裸々につづられていた。これが日本行きを検討している人たちの間で拡散されているのだ。

医療系の大学を卒業し、日本で介護の仕事をしようと日本語の勉強を始めていたグエン・ティ・イエンさん（23歳）は、ＳＮＳの体験談を見て、日に日に不安が募《つの》っていったという。そして日本へ行くことはやめ、２０１８年７月、地元の病院に就職した。

「ベトナムに残ったのは正解でした。私にはこんな仕事はできないと思います。給料は安いですが、今の仕事のほうが日本へ行くより良いです」

「ベトナムではさらに、日本が強みとしてきたはずの「信頼」さえも揺らぐ事態が起きている。SNS上で、日本で介護の仕事をしようと準備をしていた若者が「騙された」などと不満を訴える投稿が相次いでいるのだ。

そのうちの1人、ベトナム最大の都市ホーチミンに住む20代の女性が取材に応じてくれた。実家は農家で、両親の年収は日本円で20万円程である。

「3年前、介護の仕事で日本に行けると言われ、25万円を払って半年間日本語を勉強しました。それなのに、いまだに日本に行くことができません。借金をしてくれた両親にも申し訳なくて顔向けができません」と苦しい胸の内を明かした。

なぜ日本に行けないのか。ベトナムには、政府が認めた実習生の送り出し業者が約280社ある。しかし、介護分野で政府が認可を出したのは「態勢が整っている」とされた、わずか13業者。この女性が利用した業者には認可が下りなかったのだ。

しかし、深刻な人手不足が続く日本側からの求人が相次ぐ中、多くの業者は見切り発車で人材の募集を続けていた。結果的に、応募者の多くが騙された形になったのである。

一方、ベトナムで広がる日本への懸念や不信感をぬぐい去ろうという努力も始まっている。兵庫県で３つの介護施設を運営する社会福祉法人が２０１７年12月、８人の若者を技能実習生として日本へ受け入れることを決めた。

この法人の人事部長・出口博久さんはそれから月に１回、パソコンを使ったテレビ電話で一人一人と連絡を取り続けている。さらに、２０１８年10月にはベトナムを訪れて実習生の両親たちを集めた説明会を開催し、不安を少しでも解消してもらおうと、日本での指導方法や生活環境を詳細に伝えた。

説明会を終えた出口さんはこう話した。

「介護の分野はこれから外国人に頼っていかなければいけない。その時に、ただ使うという発想ではなく、人材育成のスタイルでいかないとダメだと思う。たとえＳＮＳで拡散されたとしても何も問題ないような、そういう法人を目指していきたい」

好きになってはダメですか？

結婚したらクビ。妊娠したら中絶を迫られる。外部と接触できないよう携帯電話を取り上げられる。人を好きになることも、自由に話すこともできない。こんな耳を疑うようなことが、日本国内で起きている。

「結婚するなら、雇い続けることはできない」。こう社長から言われたと打ち明けてくれたのは、ケオ・サメアンさん（30歳）。縫製技術を学ぶため、技能実習生として2年前にカンボジアから来日した。そこで出会った日系ブラジル人の男性と交際を始め、「結婚したい」と実習先に申し出た際に冒頭の言葉が返ってきたのだ。ケオさんは驚くとともに、カンボジアに帰るしかないと途方に暮れた。

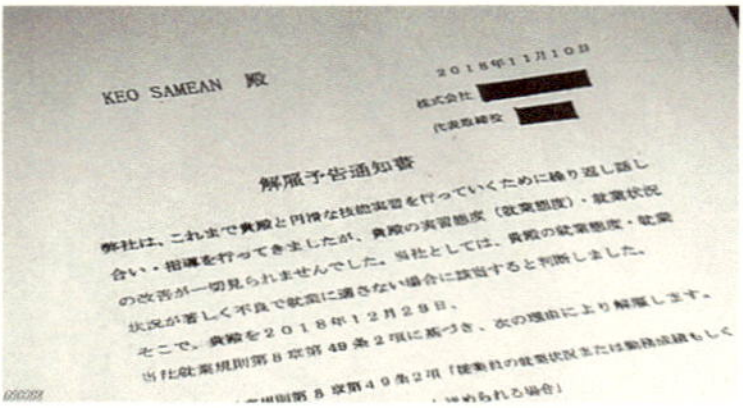
2018年11月10日
株式会社[redacted]
代表取締役[redacted]
KEO SAMEAN 殿
解雇予告通知書
弊社は、これまで貴殿と円滑な技能実習を行っていくために繰り返し話し合い・指導を行ってきましたが、貴殿の実習態度（就業態度）・就業状況の改善が一切見られませんでした。当社としては、貴殿の就業態度・就業状況が著しく不良で就業に適さない場合に該当すると判断しました。
そこで、貴殿を２０１８年１２月２９日、当社就業規則第８章第49条２項に基づき、次の理由により解雇します。
…規則第８章第４９条２項「従業員の就業状況または勤務成績もしく…認められる場合」

ケオさんが渡された解雇予告通知書

制度上は、実習生が結婚するか否かにかかわらず、働く意志があれば実習は続けられる。しかし、社長の話を受けた約2カ月後、ケオさんは解雇予告通知書を渡された。その文書には「結婚すること」が解雇の理由として明記されていた。それ以外にも、実習生であるケオさんには様々な制約があった。住んでいた寮の中だけでなく、プライベートな生活でも自由が制限されていた。ケオさんは次のように話す。

「外泊はもちろん、公の場で出会った人とは会話してはいけないと決められていました。決まりだったので、彼にもそのことを伝えました。自分たちには人権がないんだと、悲しい気持ちになりました」

2018年の年末に実習先を解雇され、住まいを追われたケオさん。トラブルを抱えた技能実習生を支援する岐阜県羽島《はしま》市の団体に一時保護され、今は別の縫製会社で実習を続けている。

この団体で外国人労働者向けの相談窓口の責任者を務める甄凱《ケンカイ》さんは、30年ほど前に留学生として来日し、これまで様々な相談を受けてきた。しかし、ここ最近、「私生活の自由を侵害されている」といった相談が増えていると感じているそうだ。甄凱さんは「トラブルは賃金や長時間労働などの会社内のことにとどまらなくなっています。私生活に至るまで会社の思いどおりにならないと、すぐに『解雇!』というのはひどいと思います」と語る。

NHKの取材に対して、ケオさんの実習先は「実習生が結婚をする場合、制度上、『実習生』として雇い続けることはできないと判断した」と話した。

実習先はなぜ、実習生の結婚や恋愛といった私的な行動まで制限するのか。日本への実習生の派遣に携わる関係者に話を聞くことができた。

実習先からすれば、技能実習生は人材不足を解消する貴重な「労働力」であり、実習生が外部の人と接触して情報を得ることで、よりよい環境を求めて辞めてしまう懸念が広がっているそうなのだ。

その関係者は「最近よく聞くのは『待遇が悪い』と言われて、途中で実習生に逃げられてしまう話。実習先としては外部の留学生であったり、高度技術者であったり、異なる職種や在留資格の外国人からの情報をできるだけ遮断したいという思惑があると思う」と話す。

恋愛を禁止することなどは、人権上、日本では難しいため、母国から送り出す際に実習生に約束させる仕組みになっているという。

「こうした違法とされるような制約は、実習生との間で手書きで書面を交わし、約束させたうえで、送り出し機関側で保管しています。個人の恋愛を禁止してはいけないことは、日本側の受け入れ先も海外の送り出し側もわかってはいるが、暗黙のルールでずっと前から続いているのが実情」とのことだ。

こうした状況に国も懸念を強めている。

法務省や厚生労働省などは2019年3月、実習生を受け入れる団体に対し、実習生の私生活を不当に制限するなどの違法行為を行わないよう注意喚起する文書をホームページに掲載した。ただ、外国人の労働問題に詳しい指宿昭一《いぶすきしょういち》弁護士は次のように指摘する。

「相手国との間で二国間協定を結んで、相手国にきちんとそれを守らせるように義務付けることはできると思います。相手国の送り出し機関が、保証金を取ったり、違約金を取ったり人権侵害的なルールを押しつけた時に、その機関の許可を直ちに取り消す。もっと言えば罰則を作るとか。そういうことを相手の国の政府に要求すべきです」

ケオさんの他に、取材の過程で出会った実習生の中には、妊娠したものの中絶を迫られたケースや、外部と接触できないよう携帯電話を取り上げられたケースもあった。もちろん、こうした行為は法律で禁じられている。

しかし、国や関係機関が実習生たちの生活の細かい部分にまで目を配ることには限界があり、受け入れ先の事業者任せになっているのが現状である。また、実習生の側も解雇を恐れてなかなか外部に相談できず、被害の実態が表面化しにくいことも課題だ。

「俺の愛人になれ」

ベトナムの小さな村で生まれた20代の女性。大きな瞳が特徴的な彼女は、15歳から始めた縫製の技術を生かそうと、3年前、外国人技能実習生として来日した。彼女が日本行きを決めたのは、病気で働くことのできない父親に代わり、家計を支えるためだ。

日本に行くために、ベトナムの送り出し機関から要求されたのは日本円にして100万円。手数料や日本語の教育費だけでなく、このうちの30万円は「保証金」だと言われた。出入国在留管理庁や支援団体に話を聞くと、こうした保証金は省令で禁止されているにもかかわらず、失踪を防ぐためなどの名目で実習生に請求されることが少なくないという。

保証金に関して、彼女への詳しい説明はなかった。当時の月給は4万円。その25倍もの費用を賄《まかな》うことはできず、日本で支払われる給与から返済することにして、借金を抱えたまま来日した。

それでも日本で働くことに期待を抱いていた彼女だが、その希望は実習先の会社であっという間に打ち砕かれた。

「あなたたちが逃亡したら、会社が損をする。だから皆さんから20万円預かります」

会社の役員は実習生たちを前にこう伝え、彼女たちの給料の一部は強制的に会社側が預かることになった。それだけでなく、パスポートも通帳も取り上げられてしまった。

こうした行為は当然、労働基準法や技能実習生の保護に関する法律で禁止されている。彼女たちは事実上、軟禁されたも同然だった。

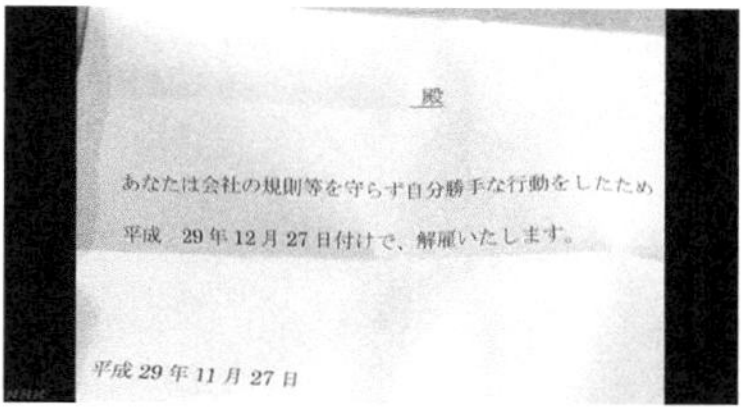
殿

あなたは会社の規則等を守らず自分勝手な行動をしたため

平成　29年12月27日付けで、解雇いたします。

平成29年11月27日

女性が渡された解雇通知書

「俺の彼女になれ」。会社の社長が突然言ってきた。

彼女に小遣いを渡す代わりに愛人になるよう迫ってきた。「嫌です」と断ると社長は怒った。それからは彼女の足やお尻を触り続けるようになり、彼女からすればただただ恐怖でしかなかった。愛人になるのを断ったせいかはわからないが、残業をさせてもらえなくなった。給料が減ってしまうので、会社側になぜ自分だけ残業できないのかを尋ねると、逆に社長や役員から「あなたの態度は会社として許せない」と叱責を受けた。「でも……」と口に出すと、「でもじゃないよ！」と怒鳴りつけられ、それ以上何も言えなかった。

それでも我慢して働いていたある日、20代の弟が事故で亡くなったとベトナムから連絡があった。「ベトナムに一時帰国して葬儀に参列したい」と会社側に申し出ると、会社から1枚の紙を渡された。その紙にはこう書いてあった。

「あなたは会社の規則等を守らず自分勝手な行動をしたため、解雇いたします」

解雇通知書だった。

「ここから逃げたい」。彼女は、友人を通じて技能実習生の支援団体にたどりつき、他の会社に移ることができた。実習先の会社を取材したところ、すでに社長は別の人に代わっていた。

給料の一部を強制的に預かったり、パスポートや通帳を取り上げたりした行為について、現在の社長は、次のように話した。

「最近、外国人技能実習生が仕事から逃げて姿を消すケースが相次いでいるという話を他の業者などから聞き、違法だと知りながらやっていた。深く反省している」

私たちの取材時、彼女は３年の実習期間をまもなく終えて、ベトナムに帰るころだった。

彼女が同僚と一緒に住んでいたのは、家賃が月２万円のアパート。ベトナムの家族を少しでも楽にしてあげたい思いから、給料の半分以上を仕送りに充《あ》てていたそうである。生活を切り詰めているため、部屋の中には日本語の教材以外、目立つものはなかった。会社が給料やパスポートを預かっていたため逃げたくても逃げられず、他のベトナム人と話せないように孤立させられ、頼ることのできる人は１人もいなかった。

そんな日本の生活を振り返って、彼女は次のように漏らした。

「日本に来る前は、日本に対していいイメージを抱いていました。でも仕事をして、周りは悪い人たちばかりで、孤独にさせられ、イメージは悪くなりました。もう、日本を嫌いになりました」

第2章

「社会の一員」として考える外国人〝依存〟

1　日本人の減少を埋める外国人

急増する外国人の「新成人」──東京23区

外国人住民が都市、特に東京で急増していることを象徴するようなデータがある。20歳を迎える「新成人」の内訳だ。

「新宿の新成人は半分が外国人になっているらしいよ」と取材相手から聞いた時、私たちは「まさか」と話していた。実際に取材をしてみようと思い立ち、取材班は「新成人」についてすべての区から聞き取って日本人と外国人の内訳を集計した。

東京23区では、前年の4月2日からその年の4月1日までに20歳を迎えて区内に住民票を置く人を、国籍を問わず「新成人」としてカウントしており、これらの人を対象に成人式の案内状を送っている。この「新成人」の数をまとめたものが次の図になる。

東京23区の新成人に占める外国人の割合

※2019年（2018年度）

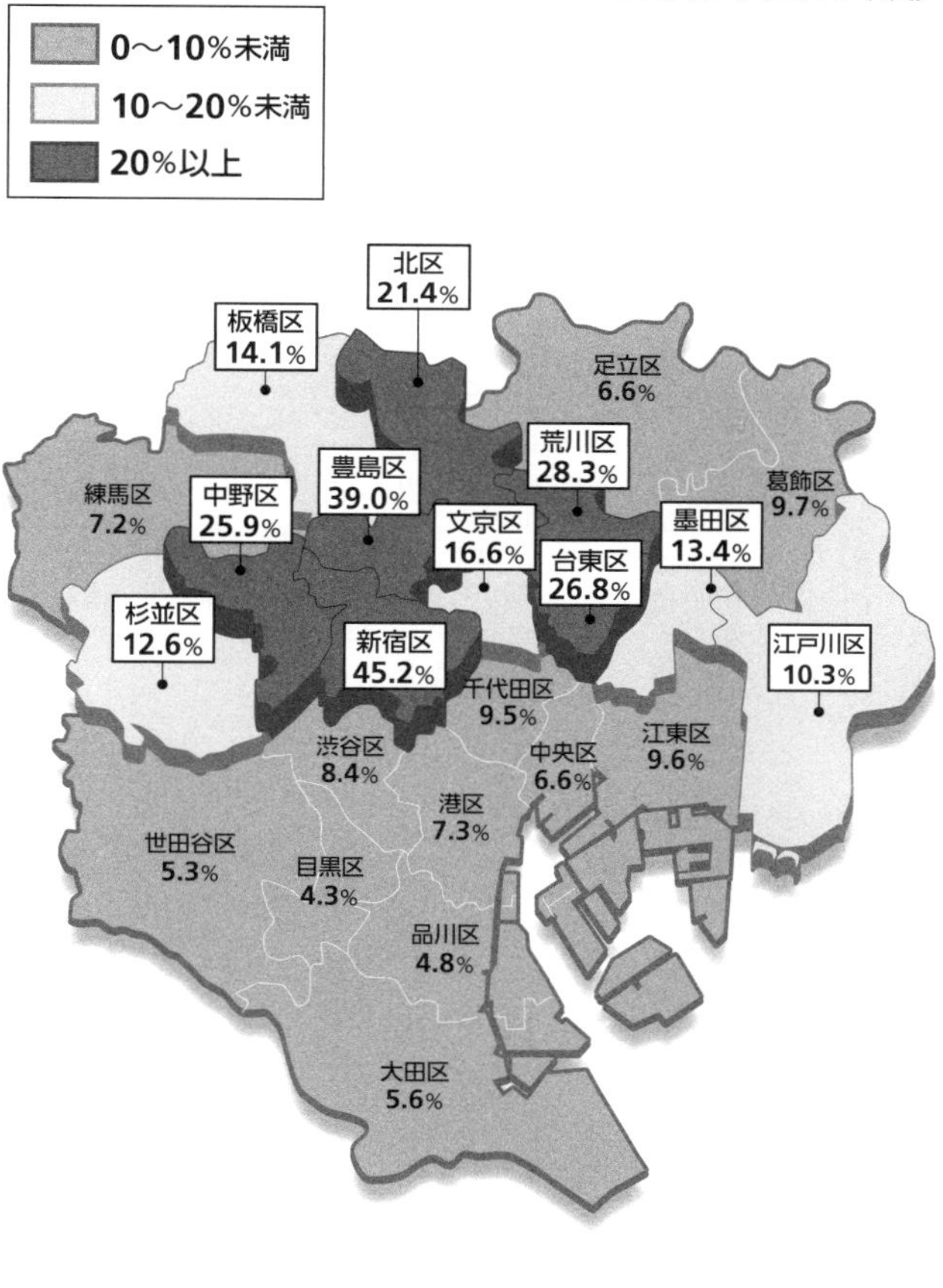

まず人数を基準にした場合、外国人の新成人が最も多かったのが新宿区で約１８１０人、その次に豊島《としま》区が約１２１０人、そして中野区の約８５０人、江戸川区約７８０人、板橋区約７８０人などと続く。

それらを外国人の占める割合で表すと、新宿区では実に45・２パーセントとおおむね２人に１人、豊島区でも39・０パーセントと３人に１人以上が外国人になっている。さらに、荒川区が28・３パーセント、台東区が26・８パーセント、中野区が25・９パーセント、それに北区が21・４パーセントなどとなっている。

また、５年前（２０１３年度）の詳細なデータがある19の区について２０１８年度と比較すると、すべての区で外国人の新成人が増え、このうち11の区では2倍以上と大きく増加していることがわかる。増加数を詳しく見ると、豊島区が約８７０人（対２０１３年度比３・6倍）、新宿区が約７１０人（１・６倍）、中野区が約５９０人（３・３倍）、北区が約４１０人（２・６倍）、杉並区が約３９０人（２・７倍）などとなっている。５年前に外国人の割合が20パーセントを超えていたのは新宿区だけだったが、今や６つの区に広がっていることからも、多くの地域で外国人の新成人が増えていることがうかがえる。

東京23区の20〜30代人口の増減数

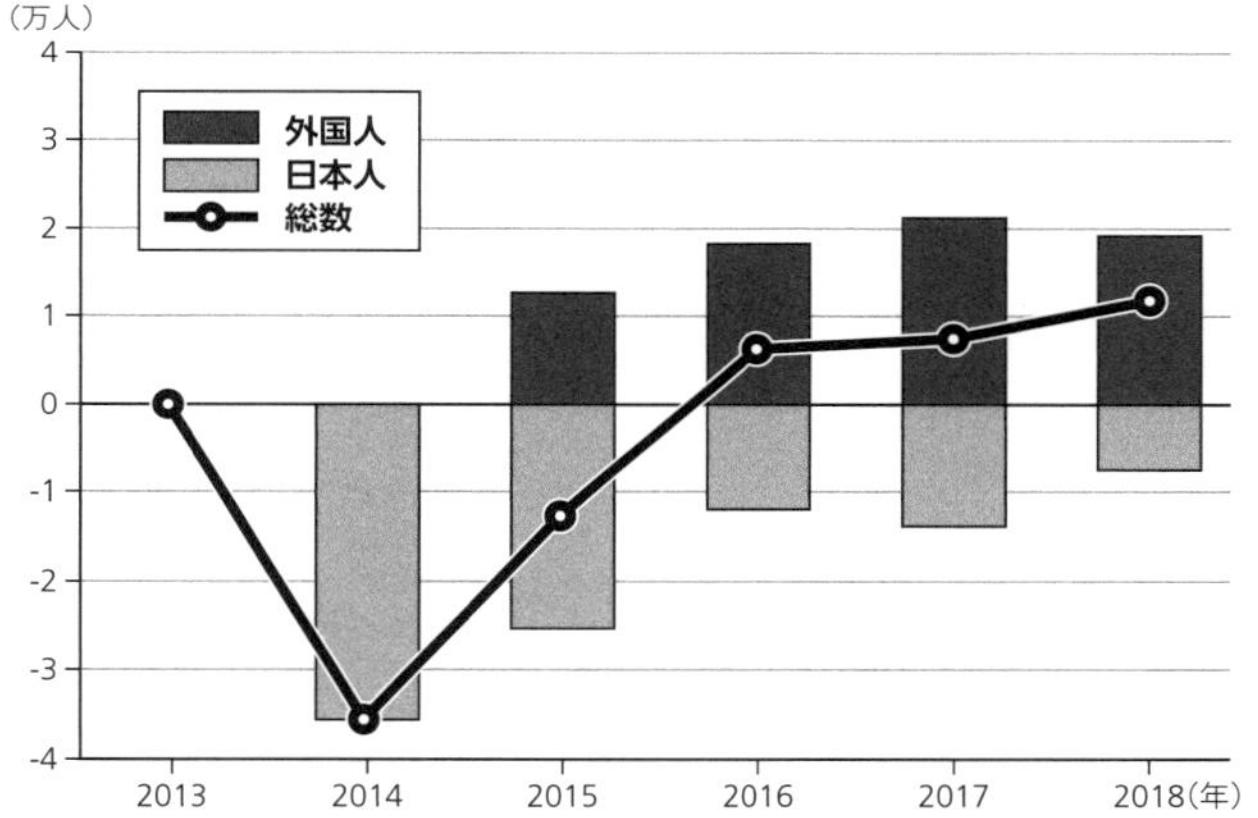

[住民基本台帳より作成。2013年の数値を0としたときの前年比の増減をグラフ化]

5年前のデータがある19の区の合計の増加数で見てみると、外国人は約5400人と2・1倍になっているのに対して、日本人は約3800人、1・06倍とほぼ横ばいだ。外国人の増加が急速であることがよくわかる。

東京23区で外国人の若者が急増する背景には、日本人の若者の減少がある。

東京23区の20〜30代の人口推移を、日本人と外国人の住民の年齢別データがある2013年以降で分析してみた。2014年は全体で前年比約3万5000人の減少、2015年は約1万2000人の減少となっていたのが、2016年から増加に転じて約６０００人、２０１７年が約７０００人、２０１８年が約１万１０００人増えている。

　増加に転じた２０１６年の内訳を詳しく見てみると、外国人が約１万８０００人増えたのに対して、日本人は１万２０００人近く減っている。つまり、日本人は減り続けているがそれ以上に外国人の人口が増えたことにより、全体の人口が増加しているのだ。同様の現象が２０１７年、２０１８年も続いている。

都道府県別
20～30代に外国人が占める割合

	都道府県名	20～30代に占める外国人割合
1位	東京都	7.76%
2位	愛知県	6.51%
3位	群馬県	6.36%
4位	岐阜県	6.06%
5位	三重県	6.01%
6位	千葉県	5.23%
7位	茨城県	5.22%
8位	埼玉県	5.10%
9位	静岡県	4.97%
10位	大阪府	4.77%
11位	栃木県	4.70%
12位	広島県	4.67%
13位	京都府	4.66%
14位	富山県	4.54%
15位	神奈川県	4.47%
	全国平均	4.56%

［住民基本台帳を基に作成］

　あくまで若者人口に限った場合だが、一部の地方自治体と同じような、日本人の人口の減少を外国人が補う構図が東京でも見い出せる。

　外国人の若者が急速に増える中、人口構成全体はどう変わってきているだろうか。東京都全体の20～30代の人口のうち外国人の人口割合を計算してみると7・7パーセントとなる。

実に13人に１人は外国人なのだ。

さらに都道府県毎にまとめると、愛知県が６・５パーセントと15人に１人、群馬県が６・３パーセントで16人に１人、岐阜県と三重県が６パーセントで17人に１人、千葉県と茨城県が５・２パーセントで19人に１人、埼玉県が５・１パーセントと20人に１人の割合となっている。全国合計では４・５パーセント、22人に１人だ。例えば40人程度の大学のクラスがあった時、そこに２人留学生がいる計算になる。

潜入！　23区成人式

それでは、実際の成人式はどのような様子なのか。私たちは２０１８年と２０１９年の２回、各地の成人式を取材した。

まず「２人に１人」の新宿区。会場となったホテルの宴会場は振袖やスーツを身にまとった初々《ういうい》しい様子の新成人で埋め尽くされていた。そして一角には「交流コーナー」というスペースが設《もう》けられ、外国人の参加者向けに日本文化を紹介したり他の参加者と交流したりできるようになっていた。

会場にはそれぞれの出身国の伝統衣装や振袖を着た多くの参加者が。話を聞いただけでも、アメリカ、メキシコ、ブラジル、中国、カンボジア、バングラデシュなど、世界各国の新成人が参加していた。新宿区には現在、約130カ国の人たちが住んでいるので、当然の光景とも言える。

新宿区に外国人が増えている理由として、区内に大学や日本語学校が多くあることがあげられる。私たちが成人式で話を聞いた人たちも、全員が留学生だった。彼ら彼女らに式の感想や将来の夢などを聞いてみると、中国人の男性からは「日本の文化を体験できる珍しい機会で楽しいです。日本語を勉強して大学に進学したいと考えています」と、バングラデシュ人の女性からは「バングラデシュでは18歳で『大人』なので2年前だったけど、式に参加して日本のルールでは今日『大人』になったと感じます。将来は日本で就職したいです」という答えが返ってきた。

多国籍な成人式の様子

初めは緊張した面持《おもも》ちだった参加者たちが、徐々に周りと打ち解け、一緒になって楽しそうにお祝いしている姿が印象的だった。

成人式は日本独特の催《もよお》しであるため、外国人の多くは式に出席していないのが実情だが、各地で日本の文化を体験しようと振袖姿などで出席する人が増えている。

例えば2018年に取材した中野区では、早稲田大学の留学生2人が、成人式当日、朝から大学の寮で同じく台湾から留学している大学院生の女性に着付けをしてもらい、式に臨《のぞ》んでいた。台湾でも地域や家族で大人になったことを祝う催しを開くことはあるものの、20歳を迎える年に「新成人」として一斉にお祝いする習慣はない。2人は前年にSNSで、振袖を着て成人式に参加した台湾の留学生を見て、自分たちも式に出てみたいと考えたそうだ。

式の後、留学生の1人ペギー・チェンさんは「大人としての振る舞いに責任を持っていることに気づくきっかけになるので、いい体験だと思いました。日本の文化を知ることができたし、もっと多くの留学生が成人式に参加するようになればいいと思います」と話していた。

外国籍の新成人の増加を受けて、外国語で書かれた案内状を送るなど、参加しやすいような対応をとる区も出てきている。同じく2018年に取材した文京区では、成人式の会場や時間の他、成人式の意義などを書いた専用の案内状を、ふりがなをふった易《やさ》しい日本語で書いた上、同じ内容のものを英訳して対象者に送っている。また、会場の入り口には英語の同時通訳を聞くことができる機器も用意されていた。

同時通訳の機器を借りて成人式に出席していた中国からの留学生は、「案内状を受け取った時は留学生の自分も日本社会の一員なんだと認めてもらったように思い、とても嬉しかったです」と話していた。

全国で増える外国人の若者――宮城県塩釜《しおがま》市　北海道東川町《ひがしかわちょう》

ところでこうした現状、東京23区が特別なのだろうか。

それを探ろうにも、全国の新成人の日本人と外国人の内訳がわかる統計はない。そこで私たちが分析したのは、日本に住む外国人について国がまとめる「在留外国人統計」だ。

この統計からは、都道府県ごとの年齢別の人口がわかる。2017年6月時点では20歳の外国人は合わせて約6万4000人。5年前と比べて3万1000人余り増えていて、約2倍になっている。

都道府県別では、最も多いのが東京都で1万4000人余り、2番目が愛知県の5000人余り、次に大阪府が4000人余りと続く。増加幅を見てみると、最も大きかったのが沖縄県で2・99倍、次いで熊本県が2・9倍、宮城県が2・68倍など幅広い地域の県が出てくる。17の都と道、県では2倍以上と急増していて、全国各地で20歳の外国人が急増していることがうかがえる。

では、なぜ20歳の外国人が急増しているのか。増加幅が3番目に大きかった宮城県で取材をした。

塩釜市で開かれた成人式で話を聞いたのは2年前に来日し、水産加工会社で技能実習生として働くインドネシア人のハフィダ・リズカ・フマイローさん。ハフィダさんは同僚の技能実習生らと、インドネシアから持ってきた伝統衣装を着て参加していた。振袖姿の日本人の参加者と話したり記念写真を撮ったりして、式の後には「日本人の着物の姿がとてもすばらしかったです。インドネシアには成人式がないので参加できて嬉しいです」と話していた。

水産業が盛んな塩釜市は全国有数のかまぼこ生産地として知られ、360人の外国人技能実習生が暮らしている。東日本大震災の後、深刻な人手不足が進む現場では実習生が欠かせない存在となっているのだ。このため塩釜市では、地域との交流を深めてもらおうと技能実習生に日本語と英語で書かれた成人式の案内状を送った。

塩釜市の高橋睦麿《むつまろ》教育長は「外国から働きに来ている方も含めて塩釜市民なので、国は関係なく日本人も含めて皆で楽しんでもらいたい」と話していた。

また、北海道中央部、大雪山《だいせつざん》の麓《ふもと》にある東川町では人口減少対策の一つとして留学生を呼び込み活性化を図っている（詳しくは後述する）。２０１５年に全国で初めて自治体が運営する日本語学校を設立し、留学生を対象に町独自の奨学金を設けるなどして受け入れを進めている。東川町の成人式には63人のうち、韓国やベトナム、タイから日本語を学びに来た留学生や農業の技能実習生が合わせて7人出席していた。

式の中では新成人が今年の抱負を語る一コマも。留学生らが、ややたどたどしくも「日本語の勉強を頑張りたいです」、「成人式に参加できて嬉しいです」などと力強く語ると、会場から大きな拍手が上がっていた。

参加した韓国からの留学生、イ・ソンジェさんは「1人の大人になったなと思います。将来は日本で就職できたらいいと思います」と話していた。また、日本人の新成人、宮坂舞花さんは「バスを利用すると、今では半分ぐらい外国の方で、東川町は北海道の一都市ですが、グローバル化に貢献できているなら嬉しいし、こんなに日本語を学びたい方がいるのは感動を覚えます」と語った。

生産年齢人口を保つために

新成人だけでなく15〜64歳の生産年齢人口（＝労働力の中核を担う年齢層）に関しても、

東京ではこの10年間で４万３０００人が減っている。

これからの産業や社会の担い手としての若者世代に注目すると、人口減少は東京にとっても「今、そこにある」社会現象なのだ。

若者が減ると、何が起きるのか。わかりやすい影響の一つが、深刻な担い手不足だ。私たちの生活に身近なサービス業でその変化を実感している人はきっと多いだろう。

私たちが取材したのは、長崎ちゃんぽんが看板メニューの外食チェーン「リンガーハット」。訪ねた東京・新橋の店では従業員25人のうち21人、実に８割が外国人になっていた。

「人手不足の中で外国人従業員は欠かせない存在なんですね」と尋ねた記者に、担当者がすかさず言った。「欠かせない、ではなく、いなければ営業できないんです」

東川町の成人式の様子

新橋のような都心の店舗では、近くに学生や主婦などアルバイトの働き手が住んでいないため、日本人の応募が全く来ないそうだ。学生と言えばかつては都心の高時給のアルバイトを求めていたが、東京全体で人手不足が進み時給の水準が上がっているので、今は自宅の近所でも「割の良い」アルバイトが見つかるのだ。

「リンガーハット」のチェーン全体では全国で約970名、全アルバイト・パート従業員の約1割を外国人が占めるという。

同社では、増え続ける外国人の正社員が担っている。外国人従業員向けに接客マナーや日本の習慣などを教える勉強会を定期的に開催し、教育担当の中国人とベトナム人の社員2人が指導にあたっている。

従業員は店舗で働き始める前に、4時間に及ぶ勉強会を2回受講する。そこで教えるのは例えばお辞儀の方法だ。「『いらっしゃいませ』と言う時は15度の角度でかがんで、『ありがとうございました』の時は30度」といった具合である。

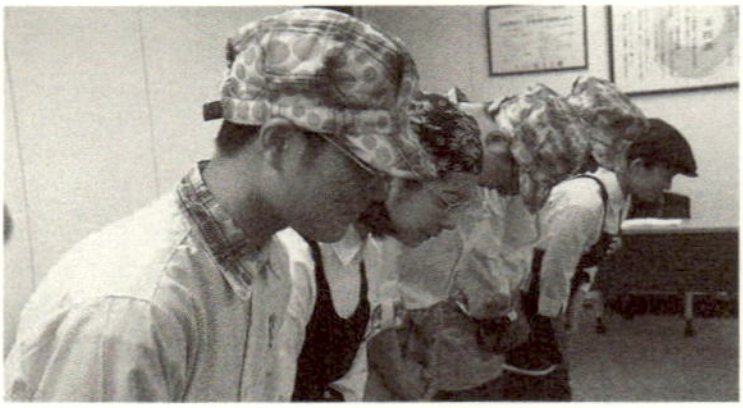

勉強会の様子

また、客に向けた笑顔の作り方も指導する他、発声練習では音の大きさを測定する機械を用いて、100デシベル以上の大きさの声で挨拶するようにと伝えている。勉強会の終了後は互いに連絡先を交換してもらい、従業員同士のネットワークを作ることで長く働き続けてもらえる工夫をしている。友達の紹介を依頼して新規採用につなげたり、留学が終わって帰国した後も日本にいる知り合いを紹介してもらったりするなど、あの手この手で人員確保につとめているのだ。

東京では、人手不足に悩む現場に外国人を派遣する企業も増えている。

その一つ、人材派遣会社の「マックス」から派遣されて働く外国人は実に約1400人。留学生や、技術職として働くために来日した外国人正社員の配偶者などを、法律で決められた週28時間以内で派遣している。

派遣先は主に、弁当屋やコンビニなどで販売される総菜のメーカー、スーパーの食品売り場で販売される野菜や肉を加工する業者などである。

さらに同社は、正社員約60人のうち実に40人余りが外国人だ。当初は中国人が中心だったが今ではベトナム人やネパール人もいる。外国人社員を雇用することで人脈を生かして派遣スタッフの募集を行う他、勤務する際のサポートにあたることもできる。

創業は1999年。当時の派遣先は1社だけだった。営業をかけても「外国人は使いたくない」と断られたこともあったそうだが、5年ほど前から問い合わせの件数が急速に増えているそうだ。担当者は「主婦のパートが高齢化して辞めているし学生のバイトも条件の良い他の業種に流れて人が集まらない事情がある。ふだん働いている姿を目にすることはなくても、外国人の働き手が日常生活のあらゆるところを支えるようになっている」と語る。日本の若者が「消えていく」穴を埋めるように経済、社会を支える外国人の若者たち。彼ら彼女らがいなければ東京はどうなるのだろうか。

2 超・多国籍化する街

約180の国と地域が集まる都市

東京都・新宿区。新大久保のコリアンタウンや日本語学校も多くあり、東京で最も多くの外国人が住む同区は、今や住民の8分の1が外国人となっている。

ところが、取材中に聞いたのは「近所にそんなに多くの外国人が住んでいるって知らなかった！」という言葉。確かに、自宅の周りにどのような国籍の人がどれくらい住んでいるの

23区在住の外国人　国・地域別在住マップ

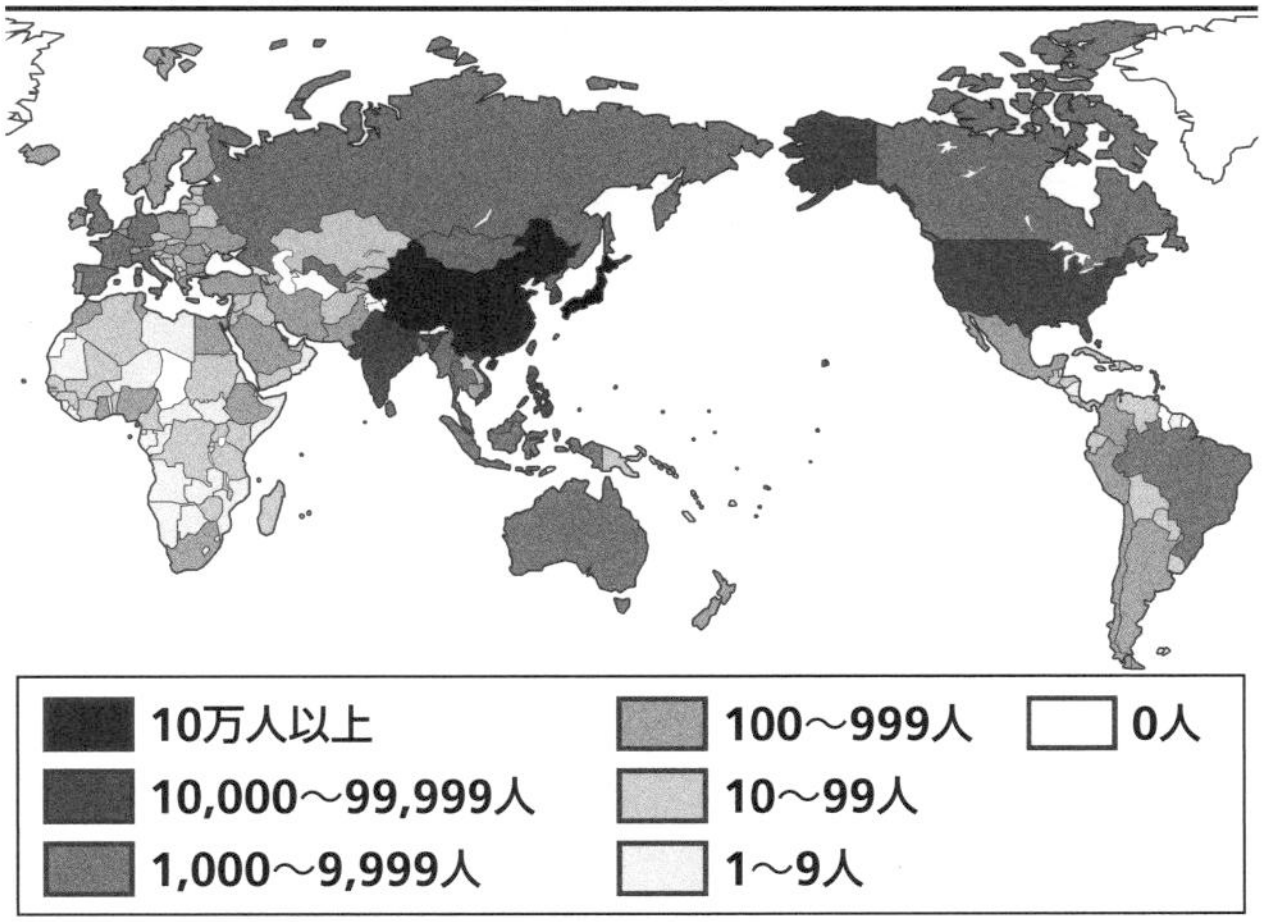

かを把握している人は少ないのではないだろうか。そこで、実際に東京23区の外国人住民について調べてみた。見えてきたのは、想像以上に多国籍化した東京の今だった。

東京23区には２０１９年１月時点で約46万５０００人の外国人住民が住んでいる。これは日本に住む外国人の19パーセント程度にあたる。今回は東京都が公表している、各区に住む外国人を国籍別にまとめたデータを分析した。

すると、なんと全世界１９６の国と地域（日本を除く）のうち、９割を超える約１８０の国と地域の人が東京に住んでいることがわかった。住んでいない国籍は、サン

東京23区 国籍別住民増加率ランキング トップ20

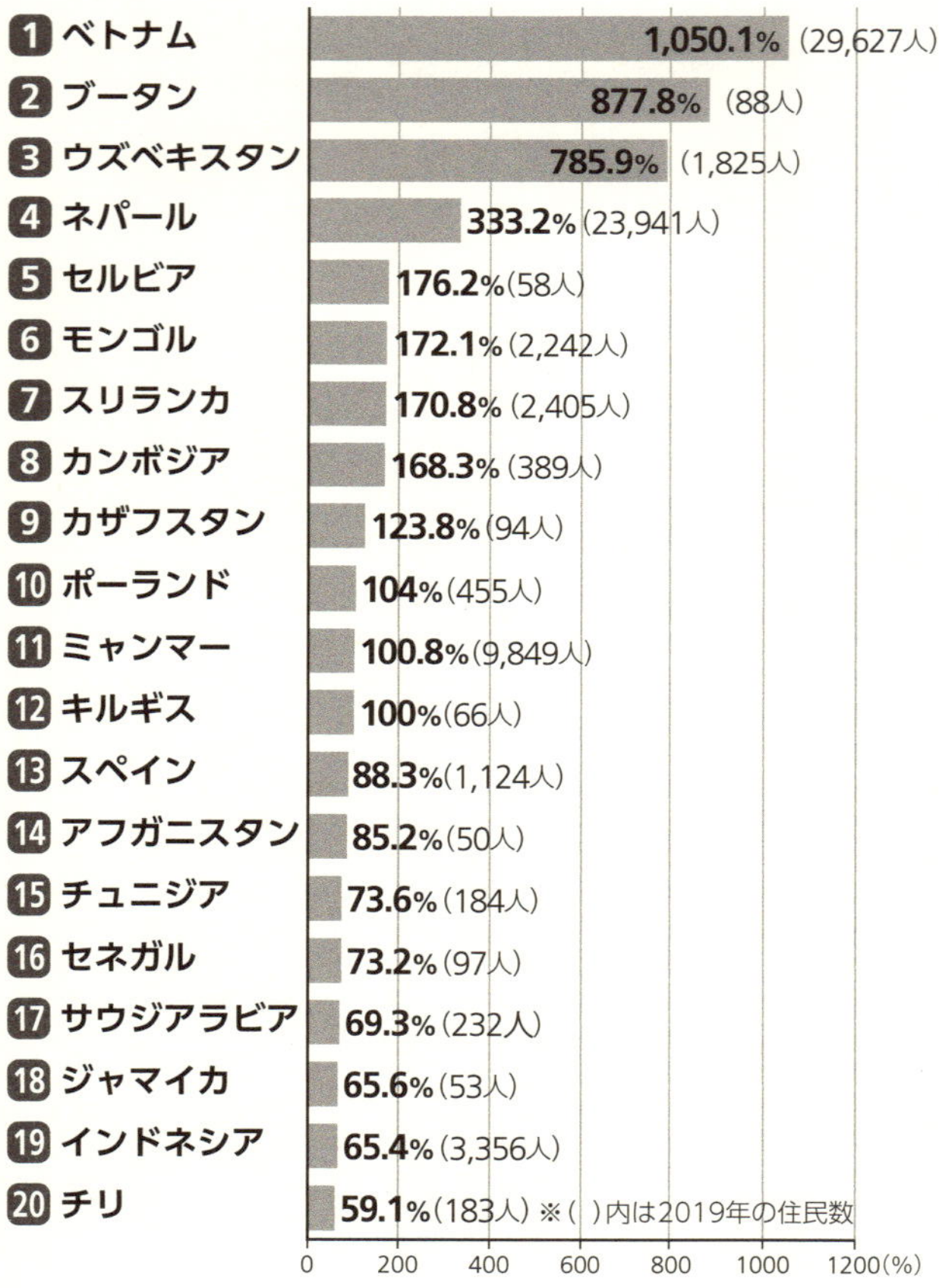

［東京都「区市町村、国籍・地域別外国人人口」を基に作成。
住民数が50人より少ない国は除く 2010年を100とした2019年の増加率］

マリノ、赤道ギニア、セントビンセント、キリバスなどいくつかの国のみ。ほぼ世界中を網羅しており、極めて多国籍な都市だったのだ。最も多いのは港区で１３７、最も少ない千代田区でも71の国と地域の人が住む。いかに世界中の人が東京23区に集まっているか、改めて驚かされる。

国籍別の人数だと中国が圧倒的な1位で2位が韓国、3位がベトナムと続く。皆さんのイメージとそう変わらないだろう。ただ、これを10年間の増加率で見直すと、意外な印象も受ける。1位のベトナムに続き、2位がブータン、そしてウズベキスタンやスリランカ、ネパールなどとなっているのだ。

まるで「アラカワスタン」！――東京都荒川区

取材班がまず注目したのは、増加率3位のウズベキスタン。中でも今、荒川区にウズベキスタン人が急増しているそうなのだ。２０１３年には20人だけだった区内在住のウズベキスタン人は今や２２８人と、10倍以上に増えている。2年前と比べても１００人以上と急速な増加だ。

荒川区とウズベキスタン。そのつながりの一端がうかがえる場所があると聞いて訪ねたの

荒川区国籍別住民数 ランキング トップ20

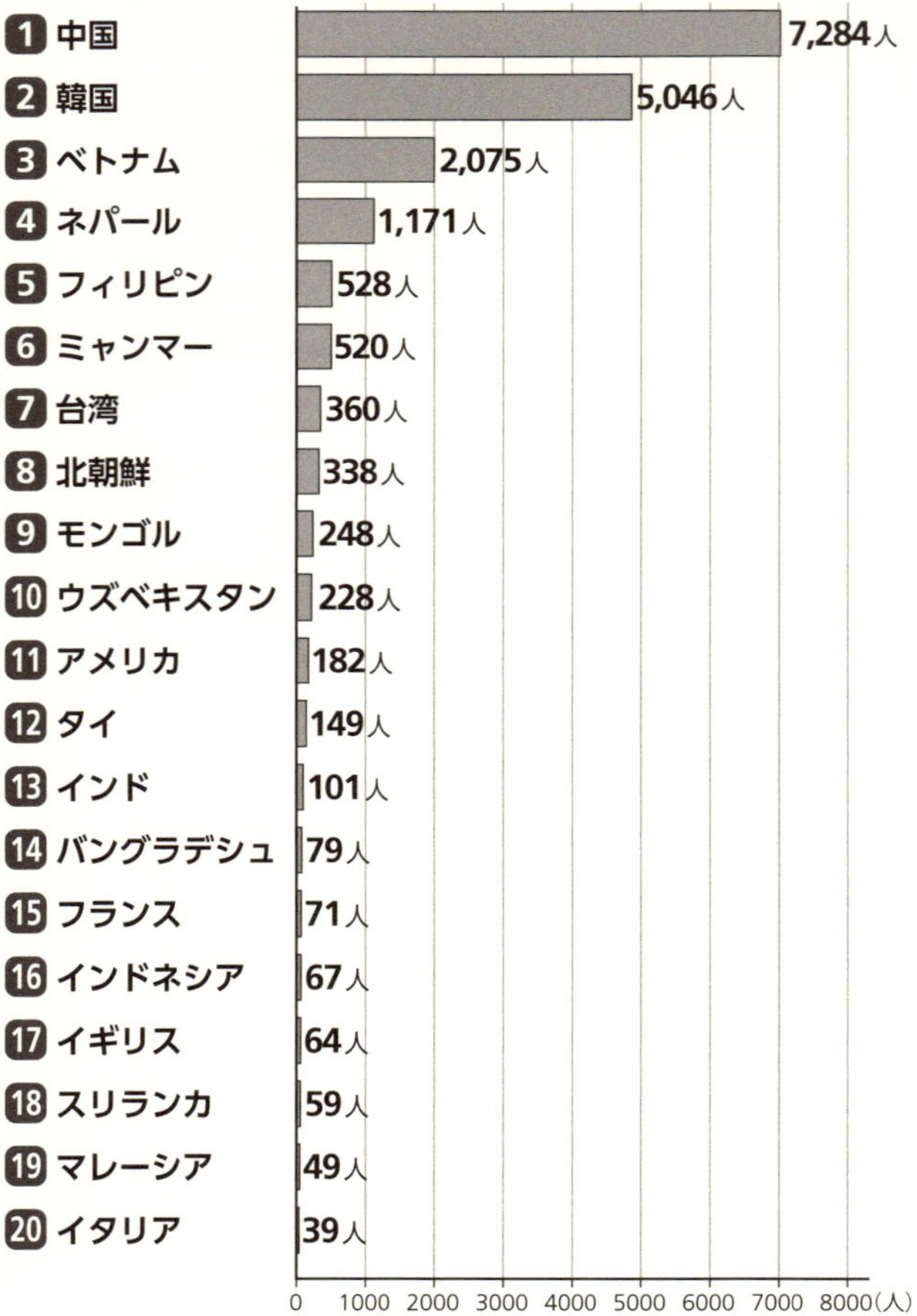

［東京都「区市町村、国籍・地域別外国人人口」を基に作成］

は、西日暮里の谷中銀座だ。

昔ながらの商店街に何があるのかと疑いながら歩いていると、突如として現れたのはこの場所に不釣り合いとさえ感じる異国情緒満載のレストラン。

オーナーのアリさんはイラン出身。イラン料理やトルコ料理とともに、20年近く前からウズベキスタン人のアルバイトを雇ったことをきっかけにウズベキスタン料理を提供するようになった。当初はほとんどオーダーが入らなかったそうだが、ウズベキスタン人住民の増加とともに徐々に口コミで広まり人気が出てきたという。今では、多い日には30人ほどのウズベキスタン人が故郷の味を求めてやってくる。

ウズベキスタン人と日本人の交流の場にもなっている

その1人、ジュラバエフ・ジャスルベックさん（26歳）は、2017年4月に来日。荒川区内に住みながら、高田馬場にある日本語学校で日本語を学んでいる。

ジュラバエフさんによると、荒川区に住むウズベキスタン人の多くが、自身と同じように日本語学校に通う20～30代前半の男性とのこと。先に留学した先輩からの情報で住み始める人が多いそ

葛飾区国籍別住民数 ランキング トップ20

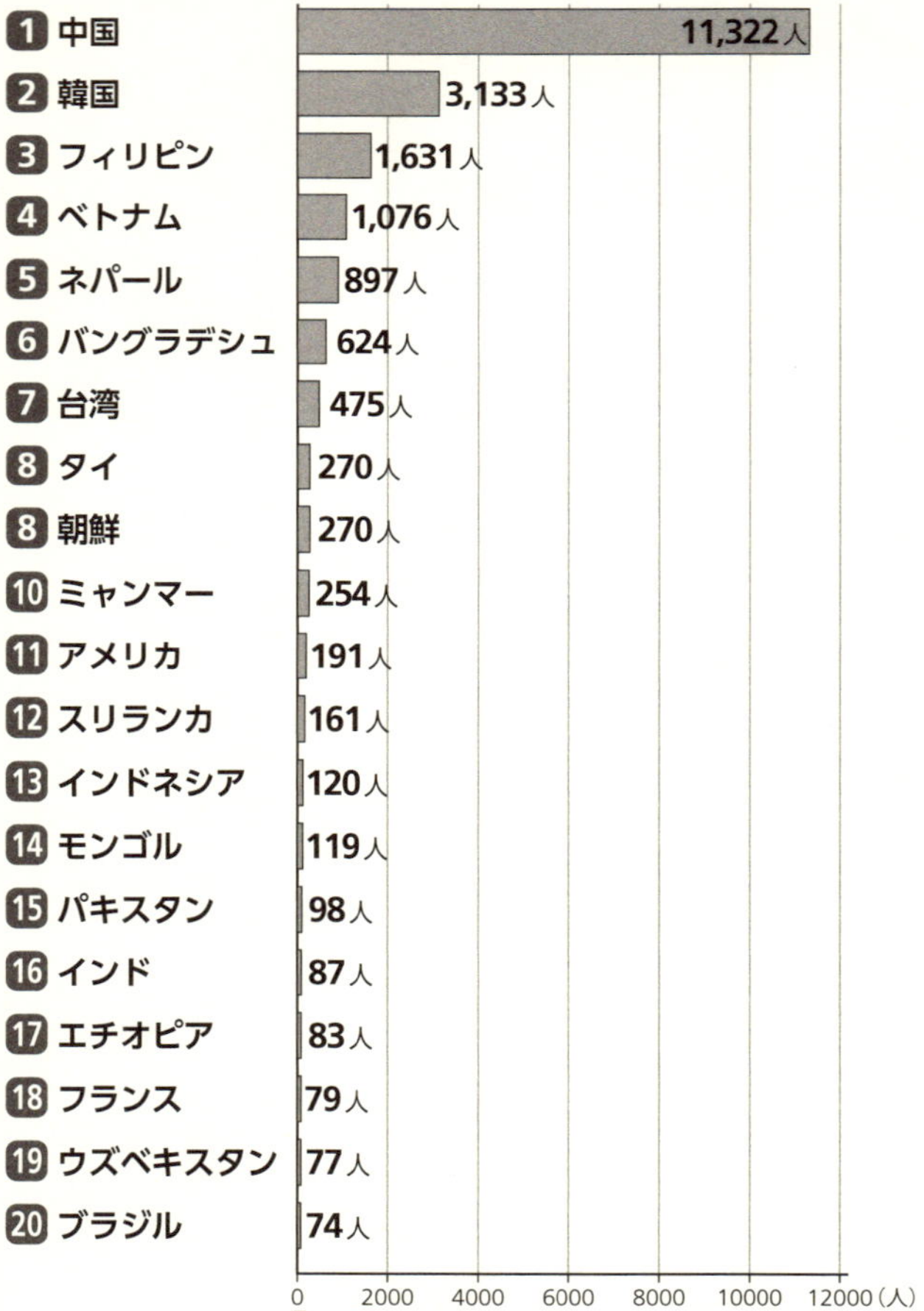

［東京都「区市町村、国籍・地域別外国人人口」を基に作成］

うだ。荒川区の家賃の安さや、日本語学校が多くある高田馬場や秋葉原へアクセスしやすいのがメリットで、同郷の人が多く住む安心感から知らず知らずのうちに集まってきているという。

妻、そして2歳と5歳の男の子を故郷に残して単身で留学しているジュラバエフさん。毎日のようにネットで通話するが「やっぱり1人はさみしい」とぽつり。それでも日本語学校を卒業後はＩＴ関連の知識や技術を身につけて帰国したいと話し、「日本に留学するチャンスをくれた家族の生活を助けたいし、日本のテクノロジーを活用して社会の発展に役立ちたい」と語ってくれた。

リトル・エチオピア——東京都葛飾《かつしか》区

都内に広がる「リトルタウン」は荒川区だけにとどまらない。

例えば、ここもまた下町情緒の色濃い葛飾区で増加しているのが、アフリカ東部・エチオピアの人たちだ。２０１９年１月時点でその人数は83人。23区内に住むエチオピア人の半分近くが集まっている。

この15年で実に４倍近くに増加しているが、コミュニティの歴史そのものは30年ほどになるそうだ。

来日36年、在日エチオピア人の支援を行うＮＰＯ法人の理事長、アベベ・ゼウゲさん（58歳）によると、直接のきっかけは１９９１年、エチオピアで社会主義政権が崩壊したことだった。

「日本に留学していたエチオピア人学生は、政府が崩壊して奨学金を打ち切られ困った。その時葛飾区の四つ木地区にあったアパートの大家さんが受け入れてくれて、そこに多くの学生が集まった」そうだ。

新年会で踊る人々

エチオピアではその後も政治の混乱で、多くの人たちが国を追われることになった。最近では２００５年に行われた総選挙の後、不正があったと抗議する野党支持者と当局との間での衝突が広がり、多くの人が国外に逃れた。彼らは欧米など世界各国に散らばり、その一部が仲間を頼って葛飾区に集まってきたのだという。さらに都内の大学に通う留学生も増加。彼らもまた同郷の人が多い安心感から葛飾区に集い、まるで「リトル・エチオピア」のようなコミュニティができていった。
そんなエチオピア人たちが集まる新年会が開かれると聞き、取材に訪れた。

会場には総勢１００人を超えるエチオピア人や地元の人たちが集まっていた。手作りのエチオピア料理を食べながら、エチオピア出身の人気歌手の曲に合わせて踊っていた。

大人たちは地元の町工場や商店街で働く。子どもたちの多くは日本で生まれ育ち、エチオピアを訪れたこともない。「アムハラ語（エチオピアの言語）ってチョー難しいんだよ、文字なんてぜんぜん読めないもん！」と日本語で話してくれる女の子もいた。

街に溶け込み地域の一員として暮らす、エチオピアから来た人たち。しかし、不安定な立場に置かれている人も少なくないと、ゼウゲさんは話してくれた。

「日本で難民申請をして10年以上経つ人もいる。弾圧を逃れた人たちは国に帰ることはできない。それなのに、申請がいつ認められるのかもわからない、強制的にエチオピアに送り返されるのではないか、そんな不安を毎日抱えながら過ごしている」

荒川はガンジス川――東京都江戸川区

江戸川区には「リトル・インディア」のコミュニティが形成されている。

10年間でインド人が実に２倍以上も増え、今や都内で最も多い４２００人近くが住んでいる。インドや日本などの子どもが通うインターナショナルスクールも12年前、区内に開設さ

江戸川区国籍別住民数 ランキング トップ20

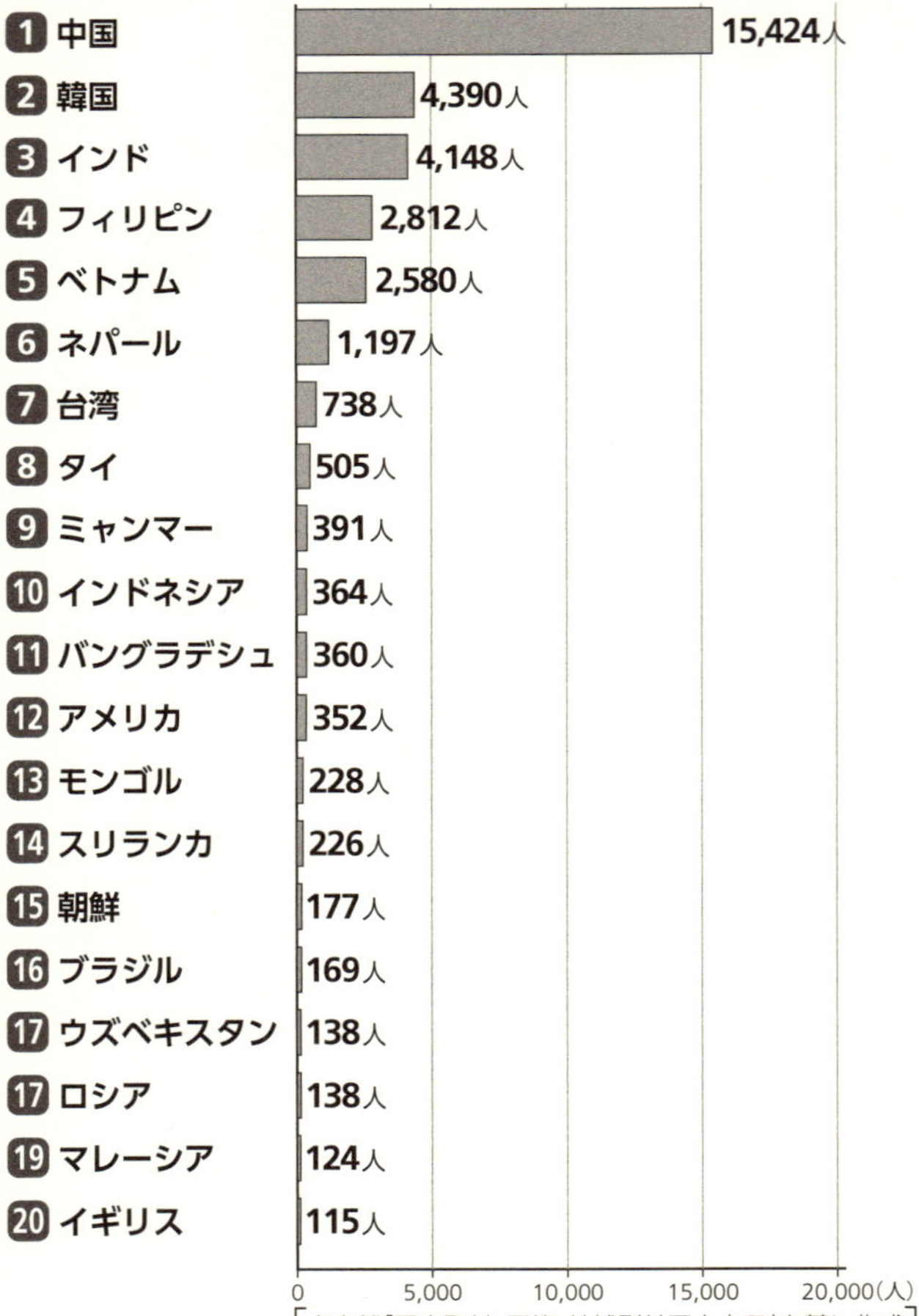

［東京都「区市町村、国籍・地域別外国人人口」を基に作成］

れた。当初はほとんどがインドの子どもたちだったが、今では日本人も4割、合わせて670人が一緒に学んでいる。

来日して40年、輸入紅茶ショップを営みながらインド人たちの生活を支援している「江戸川インド人会」の会長、ジャグモハン・チャンドラニさんは「私たちから見れば（荒川は）ガンジス川。懐かしいというか、なじみがあるというか」と話してくれた。

コリアンタウンが〝縮小〟？——東京都新宿区・新大久保

新たなコミュニティができている中で、意外な発見もある。

東京のリトルタウンで最も有名と言える、新大久保のコリアンタウンが縮小しているとも見える数字があるのだ。

新大久保の位置する新宿区の国籍別人口を見てみると、2008年には1万4000人いた韓国・朝鮮籍の人が、10年間で3割近くも減っているのだ。

しかし、実際に新大久保を訪れるとかつてないほど活気があふれているように見える。平日にもかかわらず電車を降りる人で混雑し、駅の外に出るのも一苦労だ。

では、なぜ韓国・朝鮮籍の人たちが減っているのか。話を聞いたのは、新大久保で飲食店

新宿区の韓国・朝鮮籍の人口推移

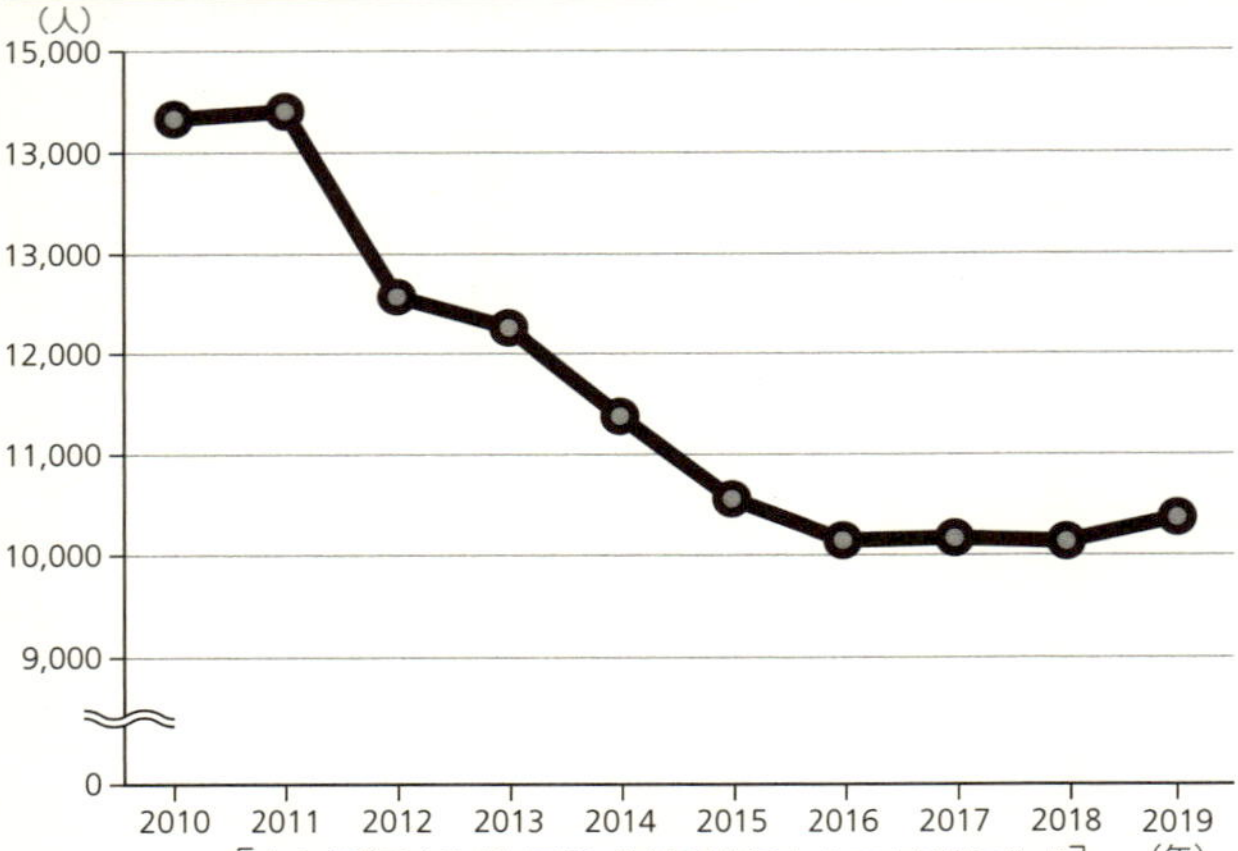

［東京都「区市町村、国籍・地域別外国人人口」を基に作成］

やグッズショップを経営する人たちでつくる「新宿韓国商人連合会」の事務総長を務める鄭宰旭さん。

　鄭さんによると、まず契機となったのは２０１１年の東日本大震災だったという。さらに２０１２年以降、日韓関係が冷え込む中、新大久保ではヘイトスピーチのデモが相次ぐようになった。こうした中で災害や差別を避けたいと、１９９０年代に来日して店を開いた店主や留学生たちの多くが帰国したのだそうだ。

　実際、韓国・朝鮮籍の住民は２０１１年からの１年間で大幅に減少。その後も２０１６年にかけて減少が続いている。

「店の数は４割も減り、客足も最も多い時

と比べて2割余りにまでになりました。『怖い街』というイメージも広がって人が来なくなったんです。本当に寂しい状況でした」と語る鄭さん。そこで立ち上がったのが鄭さんのように新大久保で商店を経営する人たちだ。２０１４年に「新宿韓国商人連合会」を設立し、無料のシャトルバスの運行を始めた他、韓流の映画祭などのイベントも開催した。

こうした努力に加えて日韓関係の改善も後押しして客足が戻ってきた中、街のにぎわいを一気に取り戻したのがチーズタッカルビ・ブームだ。

鄭さんは「ブームの影響は街そのものが変わるくらい大きかったです。客層も以前は韓流ブームの影響で50〜60代が中心でしたが、今やすっかり若くなり10〜20代が中心になりました」と語る。

その後も「ハットグ（＝韓国風ホットドッグ）」などのヒットが続いた他、韓国の化粧品も人気を集めていて、今、新大久保はかつてないほど活性化しているのだ。

街にはさらなる変化も起きている。韓国・朝鮮籍の人が減ったところにネパールやベトナムの人たちが経営する店が入ってきているのだ。

データは新宿区の外国人住民の国籍別ランキングなので新大久保の住民だけではないが、

新宿区国籍別住民数 ランキング トップ20

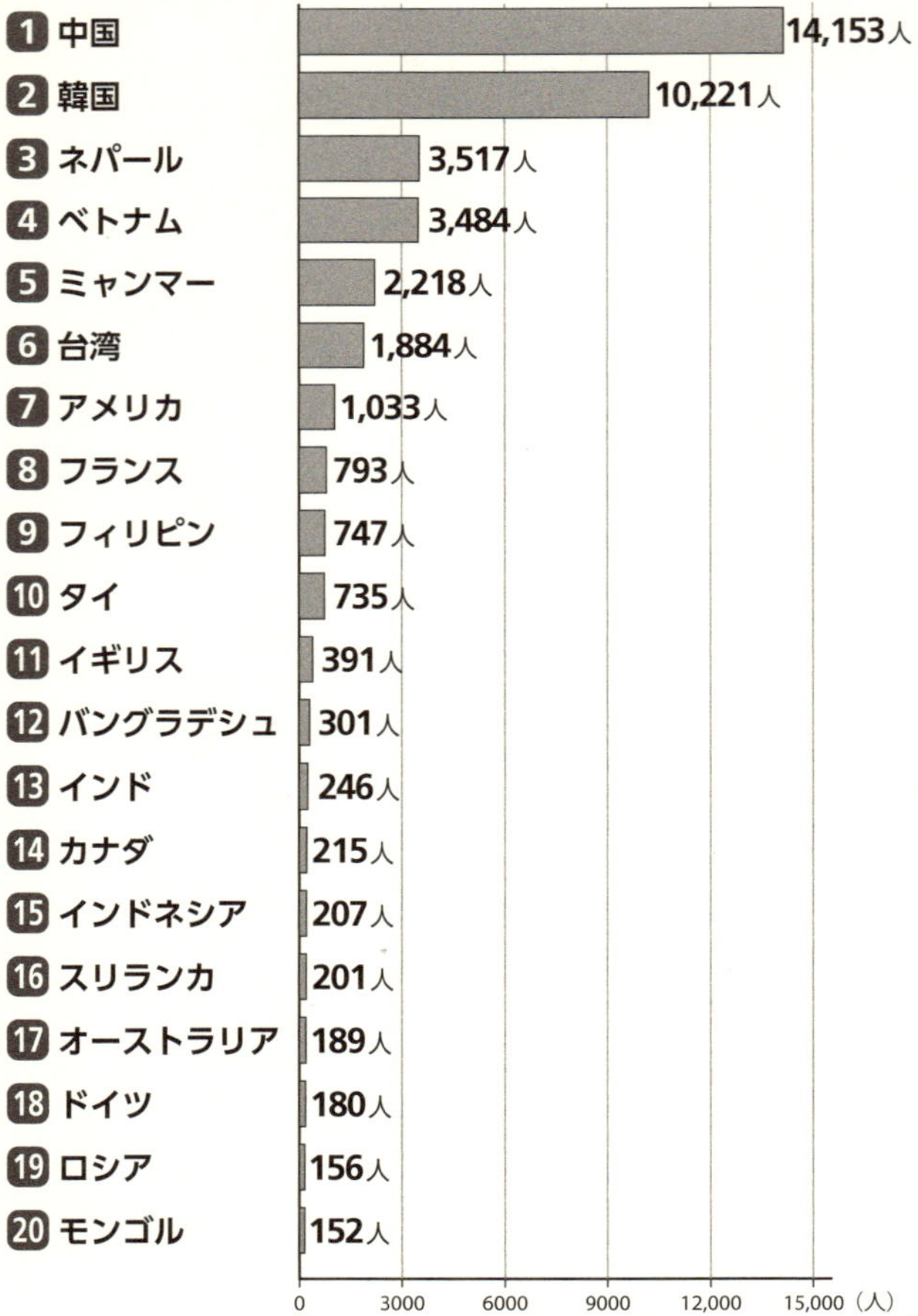

［東京都「区市町村、国籍・地域別外国人人口」を基に作成］

多国籍化が急速に進んでいることが見てとれる。実際に新大久保を訪れると、韓国料理の店でも東南アジアや南アジア系の従業員が働く姿が。

鄭さんは次のように話してくれた。

「コリアンタウンというより、アジア各国の料理を楽しめる非常に面白い街になっていけばいいと思います。私たち韓国人が経験してきたことを先輩として教えながら、日本社会での多文化共生の先例をつくっていきたいと考えています」

「アメ横」が〝AMEYOKO〟に——東京都台東区・上野

上野の「アメ横」と聞いて、何を思い浮かべるだろうか。お正月に向けてマグロやカニ、数の子といった海産物を買い求める人たちでごった返している姿……と答える人が多いと思う。

ところが私たちは取材中に衝撃のひと言を聞いた。

「そういえば、いまのアメ横って、ほとんどが外国人らしいよ」

なにはともあれ、現場に行ってみないと始まらない。そんなわけで向かったアメ横は、平日の午前中から多くの人でにぎわっていた。けれど、どこか様子が違う。海産物を売る店が、なんだか少ないのだ。

「年の瀬に見るあの光景はどこに行ったのだろうか」

この疑問に答えてくれたのは、商店街の約400店舗をとりまとめる「アメ横商店街連合会」の千葉速人さん。革製品店を経営するかたわら連合会の副会長を務め、アメ横の移り変わりを一番近くで見てきた人だ。

「実は今や、商店街の40店ほどは外国人が経営するお店なんです。お客さんも、正確な統計は取っていませんが6割くらいが外国人。昔は中国人が多かったけど、最近ではベトナムとかの東南アジア、ヨーロッパからの人たちも多く来てくれています。昔から一定数はいたけれど、こんなに増えたのはここ5年くらいでしょうかね」

そう聞いて並んでいる店をよく見ると、ケバブにタピオカ、中国料理や韓国料理と、海産物どころか〝日本っぽくない〟お店が多くあることに気がついた。どうしてここまで外国人経営のお店が増えたのか。千葉さんはこう答える。「昔から続いてきたお店の中には、後継者がいなくて店を続けられないところもありました。空き店舗にはしたくないと考えていたところ、外国人がそこに新しく店を開いてくれたんです」

ちなみに千葉さんによると、海産物が並ぶ有名な光景は年末の一時期だけで、ふだんは全く別のものを売っているお店が、その時期だけ業態を変えるそうである。取材に応じてくれた靴店では、年末にカマボコを売るために、毎年、営業許可を取っているとのことだった。

この場所でケバブ店を経営する、トルコ出身のオスカルさんにも話を聞いた。

元々は海苔を売る店があった跡地に、４年前に店をオープンした。取材に訪れた時にはウズベキスタンからの留学生グループがボリュームたっぷりのケバブサンドを頬張っていた。

ケバブを作るオスカルさん

かつては別の場所でも店を開いていたオスカルさんは、アメ横に店を開いた理由について、秋葉原や浅草、銀座といった観光地に近く外国人が集まりやすいこと、スパイスをはじめとする食材がそろいやすいことをあげた。

さらに〝ディープ〟な世界があると聞き、向かった先は商店街にあるビルの地下。「地下食品街」と書かれた看板をくぐると、そこには不思議な空間が広がっていた。

見慣れない食材に外国語ばかりが書かれた値札。どうやって食べ

独得な食材が並ぶ異空間だ

るのかわからない、生の肉や野菜、さらにはスパイスが複雑に混じり合った香りに、飛び交う外国語。階段を降りただけなのに、自分はどこか別の国に来てしまったのではないかという錯覚に陥《おちい》る。

取材した店の1つは、中国やタイなどアジア圏のものを中心に、野菜や果物の他、調味料やお菓子、即席麺などを輸入し販売していた。開業当初は日本人向けの野菜や魚が中心で、海外から輸入した香辛料の販売は多くなかったそうだ。だが、少量でも海外産のものがあるという情報が口コミで日本に住む外国人の間に広まり、15年ほど前に、外国の食材を売る店へと業態を変更したそうだ。

今では客のほぼ100パーセントが、日本で暮らす外国人になった。品ぞろえも彼らのニーズに合うように工夫を重ねた結果、すべてが外国産、あるいは日本国内で生産された外国人向けの食材になった。

この地下街で店舗をはしごしながら買い物をしていた、アフリカ西部・ガンビアからの留学生に話を聞いた。買い物袋を見せてもらうと、様々なスパイス、豚肉に、見慣れない野菜、それに川魚が丸ごと1匹入っている。同じアフリカからの留学生とともに、故郷の料理を作るため食材の買い出しにやってきたそうだ。

「留学生仲間からこの場所のことを聞いてきました。これまでも都内各地を探しましたが、欲しい食材はここでしかそろわないんです」と、笑顔で話してくれた。

戦争直後のヤミ市に源流を持つアメ横を歩くと、外国人が増え続ける街、東京の最先端がここにあると感じられる。私たちが特に強い印象を抱いたのが、外国人向けに魚介類を販売する店で聞いた言葉だ。「戦争直後にものが足りなかったら、ものをそろえる。年の瀬になったら、カニやマグロをそろえる。外国人のお客さんが増えたら、外国人が欲しいものをそろえる。どれも時代の変化を敏感にとらえて、それに合わせて柔軟に対応するということ。それがアメ横のスタイルだし、これからもそのスタイルを続けていきたいですね」

「世界で東京だけ」のネパール人学校――東京都杉並区

ある日の通勤途中。居酒屋が閉店した空き店舗で、改装工事が行われていた。数日後、オープンしたのはインド料理店。

NTTタウンページ株式会社によると、全国で「インド料理」の登録件数は2008年には569件だったのが2017年には2162件と、10年足らずのうちに4倍近くに急増しているという。それだけインド人の料理人が増えているのだろうか。インド大使館に聞いてみると、意外な答えが返ってきた。

「インド料理店といっても、インド人ではなくネパールの人がやっている店が多いように思います。海外の日本料理店も日本人がやっているとは限らないのと同じですね。インドとネパールは食文化も近いですし」


在留外国人統計によると、日本に住む外国人で最も多いのは中国、次いで韓国。しかしこ数年で急激に伸びているのが、ネパールだ。10年前は1万人余りだったのが2018年6月末のデータでは8万5321人と8倍に。10年間の増加率で見ると、同じく急増しているベトナム人よりも高くなっている。

ネパール人が最も多くいるのは東京都で、2万6000人余りと全体の33パーセント。次いで千葉県、福岡県、神奈川県と、大都市やその周辺に多くなっている。

さらに在留資格を見てみると、2018年12月末現在で最も多いのは「留学」で33パーセント。そして料理人などの資格である「技能」も15パーセントと、日本にいるネパール人の約7人に1人という高い割合だった。「インド料理店といっても、インド人ではなくネパール人がやっている店が多い」のはどうやら間違いではないようだ。

さらに調べていくと、驚いたことに、東京にはネパール人学校まであった。杉並区にある「エベレスト・インターナショナルスクール・ジャパン」だ。

「ネパール国外でネパール人学校があるのは、世界中で東京だけ。この学校だけです」と話すのは、理事長でネパール人のシュレスタ・ブパール・マンさん。

この学校ではネパール本国と同じカリキュラムで、幼稚園児から高校生まで対応している。6年前の設立当初は生徒数も10人ほどだったが、わずか5年で200人余りにまで急増。教室が手狭になったので、マンションを丸ごと購入して新たな校舎にしたそうだ。就労などの目的で日本に滞在し、その後、配偶者や子どもを呼び寄せようというネパール人が増えているのだ。

シュレスタさんは、ネパール国外で唯一の学校を東京に開いた理由を「ネパール人の間で子どもを日本の学校に通わせることへの不安があり、学校を作って欲しいという要望があったのです」と話す。

具体的に、不安とはどういうことだろうか。尋ねてみると、答えが返ってきた。

「日本語は難しい。ネパールの子どもたちは英語を学んでいるので、アメリカなどの英語圏ならば、授業についていくことができます。でも、日本の学校になじむのは大変なのです」

シュレスタさんによると、ネパール人の多くは英語が話せるため、アメリカやイギリスなどの英語圏では学習面でつまずく子どもは少なく、「ネパール人学校」は必要ないという。

「日本の小学校や中学校に通う際、最近は日本語講師がいるなど支援してくれる学校も増えてきていますが、それでも日本語が壁となって授業についていけない、友達ができないとドロップアウトしてしまう子がいます。また、日本で生まれたり幼いうちに来日した場合、子どもは保育園などに通ううちにすぐに日本語を身につけますが、今度はネパールの言葉や文化が伝わらない。より深刻なケースでは、親が日本語が苦手で、親子のコミュニケーションが難しくなってしまうこともあるのです」

シュレスタさんが来日したのは15年前。日本の文化を学ぶため1年間の交換留学生として来日したが、教授の勧めもあって日本で勉強を続け大学院を卒業し、今はネパール人向けの新聞を発行したり、大学で非常勤講師として勤めたりしている。また、シュレスタさん自身もこの学校に娘を通わせている。

「最初に来日した時は、日本に住み続けるとは思わなかったし、日本で子どもを育てることになるとは思っていなかった」というシュレスタさん。子どもが日本語を使いこなす一方で、ネパールに帰国した際に親類と全く会話ができない様子を見て、不安を感じたそうだ。

「ずっと日本にいるのか、それとも帰国か他の国に移るのか。それは仕事や経済状況、家族の事情などに左右されるため、私も他のネパール人たちも、必ずしもはっきりしたビジョンがあるわけではありません。その時に大きな悩みとなるのが、子どもの教育です。どこの国で暮らすことになっても、子どもたちが困ることのないようにしたい。そのためには、日本語だけでなくネパール語も英語も身に付けさせ、世界で通用するように育てていきたいのです。子どもに十分な教育を受けさせられるかどうかは、どこで働くかを決める上でとても重要なポイントになっています」

この学校には、たとえば埼玉県所沢市から片道１時間以上かけて通っている子どももいる他、ここに子どもを通わせるため北海道や福岡県から引っ越してきた家族もいるという。ネパール本国からの問い合わせもしばしばだ。一方で、学校ができる前には、優秀な技術者ながら「子どもの教育が不安だから」と別の国に移った人もいた。

それも納得できるほど、ここの学習レベルは高い。3歳のクラスをのぞいてみると、幼い子どもたちがアルファベットを書く練習をしていた。「授業は基本的に英語で、学校での会話も英語が中心。小学校に入る年齢の頃には、ネパール語と同じぐらい英語を話せるようにする。さらに日本語と、3カ国語を身につけるのです」とシュレスタさんは話す。

小学生の教室を見てみると、確かに算数の授業を英語で行っていた。そして、私たちに気がついた子どもたちが、「ハロー」「ナマステ」「こんにちは」と3カ国語であいさつをしてくれた。

学校では理科や社会などの科目に加え、プログラミングも学ぶ。英語とプログラミングに力を入れるのは、世界で活躍するグローバル人材を育てようというネパール政府の方針もあるそうだ。

外国人向けの私立学校の運営には国や自治体からの金銭的な補助はないため、学費は公立の学校に通うより高くならざるをえない。この学校の場合、毎月の学費はおよそ4万円だ。中には学費を払うのが大変だと一度学校を辞めたものの、日本の学校になじめず、戻ってくる子どももいるらしい。

シュレスタさんは次のように語ってくれた。「日本の学校になじめない子どもたちにも、きちんと教育を受けさせたい。そして、今は中学生の子どもたちまでしかいませんが、この子たちを日本だけでなく世界の優秀な大学に送り出していくのがわれわれの目標です。この学校から世界に羽ばたいていくネパールの子どもたちが出てきたら、他の子どもたちにとっても明るい希望となることでしょう」

国際化する「神話の国」――島根県出雲市

ここまで主に東京23区のケースを追いかけてきたが、地方自治体にとっても地域社会をどう維持するのかは深刻な課題だ。推計では、２０４５年には7割以上の市区町村で人口が2割以上減るとされている。

こうした中、注目したいデータがある。私たち取材班は全国の市区町村の人口データを独自に分析し、そのうち、この5年間で日本人が減った一方で外国人が増えた自治体についてまとめてみた。

次ページの表が示すように、外国人住民の増加が日本人住民の減少分を補い、結果として人口全体が増加した自治体が40カ所あるのだ。

総人口が最も増えた愛知県豊田市では実に２９００人余り外国人が増えている。また、北

外国人の増加で総人口が増加した市町村ランキング

	市町村名	総人口増加数	外国人増加数	日本人減少数
1	愛知県 豊田市	2,815	2,954	-139
2	埼玉県 蕨市	2,335	2,683	-348
3	愛知県 西尾市	2,124	2,911	-787
4	群馬県 伊勢崎市	1,546	2,129	-583
5	群馬県 大泉町	1,195	1,672	-477
6	神奈川県 厚木市	1,030	1,496	-466
7	埼玉県 所沢市	945	1,135	-190
8	北海道 倶知安町	794	1,139	-345
9	福島県 郡山市	778	889	-111
10	島根県 出雲市	525	1902	-1,377
11	埼玉県 坂戸市	522	830	-308
12	東京都 武蔵村山市	514	519	-5
13	東京都 八王子市	499	3431	-2,932
14	岐阜県 可児市	445	1107	-662
15	三重県 桑名市	404	910	-506
16	兵庫県 加東市	374	680	-306
17	千葉県 鎌ケ谷市	351	409	-58
18	愛知県 豊明市	339	502	-163
19	愛知県 碧南市	323	1321	-998
20	福岡県 小郡市	320	592	-272
21	東京都 昭島市	312	580	-268
22	北海道 占冠村	252	273	-21
23	石川県 白山市	247	429	-182
24	愛知県 蟹江町	247	386	-139
25	滋賀県 彦根市	246	425	-179
26	愛知県 東浦町	238	326	-88
27	三重県 亀山市	235	511	-276
28	千葉県 富里市	220	730	-510
29	沖縄県 恩納村	179	378	-199
30	長野県 白馬村	150	463	-313
31	北海道 留寿都村	111	187	-76
32	沖縄県 西原町	93	141	-48
33	北海道 赤井川村	90	140	-50
34	埼玉県 三芳町	86	245	-159
35	茨城県 東海村	73	91	-18
36	愛知県 飛島村	39	142	-103
37	静岡県 菊川市	36	342	-306
38	岐阜県 北方町	17	53	-36
39	福岡県 広川町	14	118	-104
40	群馬県 明和町	4	120	-116

［単位は人。年住民基本台帳に基づく人口、人口動態および世帯数より作成］

は北海道、南は沖縄県とまさに全国津々浦々に、外国人の増加により人口減少を食い止めている自治体があることがわかる。東京でも武蔵村山市と八王子市、昭島《あきしま》市の人口が、外国人住民によって増加している。

そして、こうした人口維持の効果に注目する動きが今、広がり始めているのだ。

「縁結びの神様」として知られる島根県の出雲大社。大国主神《おおくにぬしのかみ》が治めたとされ、「神話の国」とも呼ばれる彼の地の光景にここ数年ある変化が起きている。

出雲市のブラジル料理レストラン

出雲市の市街地を歩くと、何やら美味しそうなにおいが漂ってくる。ドアを開いて入ってみると、ブラジル料理のレストランだ。

市役所の周りだけでも3つのブラジル料理店が、ここ数年の間に相次いでオープンしたという。出雲は今、伝統の出雲そばに加えて本格的なブラジル料理が楽しめる国際的な街に様変わりしつつあるのだ。レストランだけでなく、ブラジルの雑貨を扱う店もオープンしている。

出雲市に何が起きているのか。実は、市内にある大手電子部品メーカーの工場で働く日系ブラジル人などが急増しているのだ。スマホ部品などの主力製品の製造が好調なことを背景に、人員を拡大しているためだ。２０１３年から２０１８年までの５年間で出雲市内に在住する外国人は約１９００人、約2倍増えている。

市役所の窓口を取材で訪ねると、ブラジル人のグループが続々とやってきた。来日したばかりの家族が転入手続きを行っていたのだ。市役所では外国人の姿を目にしない日はないそうだ。

出雲市は２０１６年に、「外国人住民のうち、５年以上市内に住む人の割合を30パーセント台にする」ことを目指すと宣言した。外国人の定住に数値目標を掲げ、地域社会の担い手として明確に位置づけたのだ。市では外国人住民の相談態勢を充実させるため、ブラジル人の嘱託職員も採用している。

外国人の定住を目指す背景は、日本人人口の減少がある。市の総人口は17万５０００人余り。外国人の人口は全体の2パーセント余りだが、外国人の増加分で総人口が維持されている形だ。日本人の人口は5年間で１３７７人減少しているのに対して外国人は１９０２人増

出雲市の人口の増減

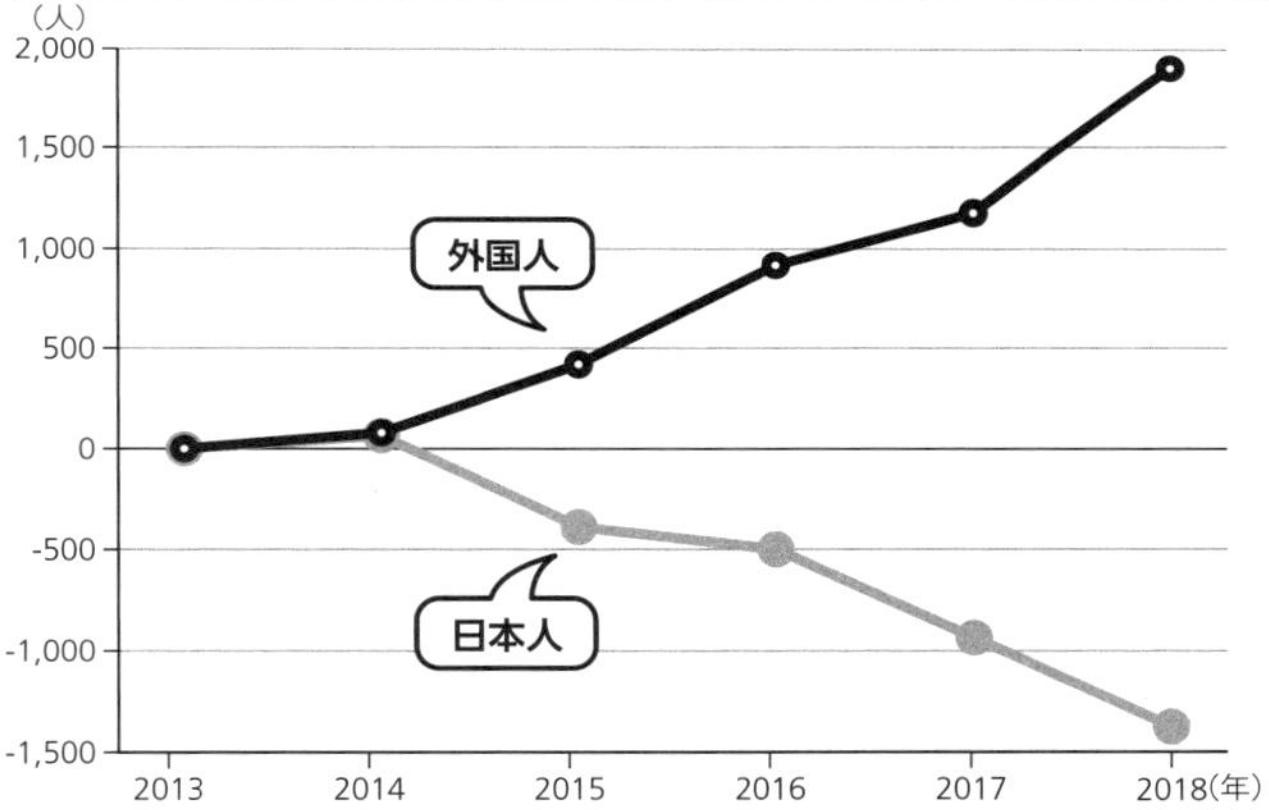

［住民基本台帳に基づく人口、人口動態および世帯数より作成。
2013年の数値を0としたときの増減をグラフ化］

えており、結果として総人口は約500人増加しているのだ。

出雲市に住む外国人の中には「永住者」資格に切り替え、ここで暮らしていくことを決める人たちも目立つようになっている。ローンを組んで市内に家を建て親を呼び寄せて3世代で暮らす家族や、長年働いた実績を買われて会社で役職を与えられた人もいるという。また、後継者不足に悩む出雲市特産のぶどうの生産に挑戦しようと、就農支援を受ける人もいる。

財政維持に不可欠な存在——北海道東川町

こうした現象が起きているのは出雲市だ

けではない。外国人住民の存在が財政の維持に欠かせないと捉えているのが先ほど成人式の様子を紹介した北海道東川町だ。

東川町は2015年に全国で初めて自治体が運営する日本語学校を設立し、町独自の奨学金を設けてこの日本語学校と町内にある専門学校の留学生全員を対象に学費の半分を負担するなどして、外国人受け入れを進めている。さらに、留学生には毎月8000円分の買い物ができるカードを配布している。

ここまで力を入れるのは、財政上のメリットがあると考えているためだ。町にとっては人口などに応じて配分される国の地方交付税が最大の財源であり、町内に住む約200人の留学生の存在によって地方交付税4000万円分を確保できると試算している。それを高齢者福祉や子育て支援の財源にするそうだ。

総務省によると「留学生も住民なので住民が増えればその分行政コストもかかり、地方交付税の額が増えることになる」という。また、留学生が町内で暮らすことで消費の活性化にもつながると期待される。

出雲市や東川町のような自治体に共通するのは、強い危機感だ。

移住者の住宅購入費や改修費を助成するなど、どの自治体もあの手この手で人口減少対策に取り組んできた。しかし、日本全体の人口規模が縮小する中で日本人を呼び込むのは限界があるというのだ。

出雲市の長岡秀人市長は次のように話す。

「人が住まないと街は衰退する。人口減少がもたらす弊害は惨憺《さんたん》たるものがある。外国人だろうと日本人だろうと住みやすさをもっと極めていけば、なんとか人口減社会に逆らうことができるのではないだろうか。ぜひこの地で永住してもらいたいという思いがある。それにしっかりと取り組んでいくことが元気な地方として生き残る手段だと思っている」

また、東川町の松岡市郎町長は次のように話す。

「国内の人を呼び込むために様々な展開をするんですけど、なかなか集まってこない。国内で若い学生の取り合いをしていてもダメだろうと。留学生でも住民登録をすれば国勢調査上、人口として扱われて地方交付税が配分される。そうなれば留学生が税収の不足分を地方交付税で補ってくれるんですね、それを住民福祉のほうに充てるようなことができるわけです。外国人であろうと人が住んでいることは町にとって極めて大きなメリットがあると考えています」

日本を支える外国人の存在。人手不足に悩む産業の現場だけではなく、自治体の間にも期待が広がり始めている。

3 ビジネスでも進む〝依存〟

利益が見込めるサービスに成長

「外国人客を取り込め！」

こうしたかけ声が上がるのは、ここ数年、日本企業の間で盛んになっている訪日外国人旅行客向けのビジネスではない。

実は今、日本に住む外国人を〝労働力〟ではなく〝マーケット＝市場〟として取り込もうと、事業展開する企業が現れているのだ。

どういう事業で外国人がマーケットになりうるのか。

例えば日本で学んだり働いたりする人がまず必要になるものの１つが住まいだ。外国人が日本で賃貸住宅を借りる際、連帯保証人の代わりになるサービスを提供する企業が「グローバルトラストネットワークス（ＧＴＮ）」だ。入居者から保証料を取る代わりに、家賃が滞納された際に肩代わりする事業を展開する。同じような保証会社は多くあるが、ＧＴＮは外国人の入居者だけを対象にしている。

後藤裕幸社長は、以前経営していた海外進出を目指す日本企業向けのコンサルティング会社での経験が、この事業のきっかけになっていると話す。

「一緒に働いていた外国人が一番困っていたのが『家』です。新しく日本に来る人はサポートしてくれる親戚などもいないので、連帯保証人を求めるのは酷なんです。中には日本人の知り合いに保証人になって欲しいとお願いしたら、連絡が取れなくなり友達を失ってしまったと話す人もいました」

賃貸住宅を借りる際に多くの場合で必要となる保証人だが、実は日本特有の制度で外国人にはなじみがなく、日本に親戚や知り合いがいない多くの外国人が部屋を借りるのに苦労していたのだ。

２００６年に起業した当時は、「外国人の入居者は断る」と言われたことも多くあったそ

GTNへは様々な人が相談にやってくる

うだが、これまで着実に契約件数を伸ばしてきた。今では東京だけでなく北海道から沖縄まで全国９５００社の不動産業者と提携し、２０１８年度は約３万５０００件の新規契約を見込んでいる。そして売上高は25億円と、２０１７年度の17億円から大幅に増加しそうな勢いだ。

実際にこのサービスを通じて賃貸契約を結んだ韓国人の男性に話を聞くと「自分だけではマンションを探すのは無理でした」と話してくれた。日本の文化を学ぶために１年間のワーキングホリデーで来日したというこの男性は「保証人になってくれる人もいないし、契約する際の審査に日本の携帯が必要と言われても、携帯の契約には住所が必要で手に入らない。そんな時にＧＴＮが最後の切り札になってくれました」と語った。

ＧＴＮの事業拡大の鍵になっているのが、入居者と家主双方に対する相談体制だ。というのも、外国人入居者を受け入れる際に家主が最も懸念するのが、ゴミ出しルールの無視や騒音などの生活トラブルだからだ。

そこで、ＧＴＮでは多言語での電話窓口を設置。家主、入居者双方からの相談に応じてルールの周知や光熱費の支払いの申し込みなどをサポートしている。今では24時間体制で、英語や中国語、ベトナム語やモンゴル語など16の言語に対応している。

きめ細かな対応を行うため、従業員には外国人を積極的に採用。全従業員の７割を占める、19カ国出身の約１４０人が働いている。後藤社長は「一口に外国人と言っても、出身によって言語も違えばライフスタイルも多様です。それに対応するためには社内のダイバーシティーが必要です。家主さん側も30～40代の人たちが増えてきて外国人を『マーケット』として捉える感覚が広まっていると思います」と語る。

在留資格手続きに並ぶ長蛇の列

他にも、外国人マーケットを対象にビジネスを展開している企業がある。日本での在留資格の申請書類を作成するサービスを手がける「one visa」だ。

岡村アルベルトＣＥＯは自身も日系ペルー人として生まれ小学生の時に来日し、その後日本国籍を取得した。起業を思い立ったのは、大学卒業後に入国管理局の窓口で勤務した際、

ビジネスの説明をする岡村アルベルトCEO

在留資格の更新を申請するため訪れる人の列を目にしたことがきっかけだ。

外国人が日本に住むためには、36種類の在留資格のうち何か1つを取得する必要がある。それぞれ期限が決まっているため、日本に残り続けるためには資格を更新しなければならないが、その手続きに長蛇の列ができていたのだ。その数実に1日平均1000人で、待ち時間は4時間に及ぶこともしばしばだったという。

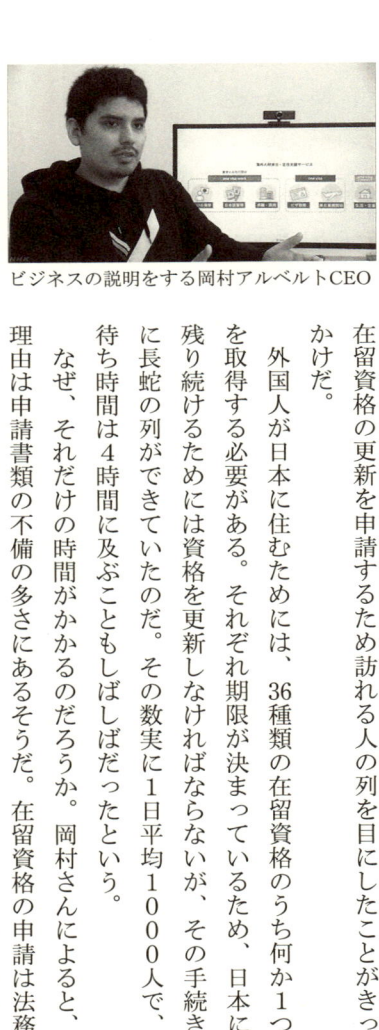

なぜ、それだけの時間がかかるのだろうか。岡村さんによると、理由は申請書類の不備の多さにあるそうだ。在留資格の申請は法務省の書式に記入して行うが、英語表記こそあるものの外国人にはどこに何を書くのかわかりにくい項目があり、誤って記入する人が多いと指摘する。これを「オンラインでスムーズにできれば」と考えたのだ。

主な顧客は、外国人を社員として採用している日本企業。ネット上のフォームに企業と外国人従業員が双方、情報を入力するだけで来日する際や更新の際に自動的に在留資格の申請書類を作成できる。岡村さんは「顧客の9割はＩＴ企業で、日本人のエンジニアが採用できないので外国人を採用しているのです」と語る。２０１７年にサービスの提供を始め、今では約３８０社が利用している。

「永住者」でもなくても借りられる住宅ローン

日本における外国人社員の数を正確に示す統計はないが、企業の社員が取得する「技術・人文知識・国際業務」という在留資格を持ち働く人は、２０１８年10月末時点で21万３００0人余り。日本で働く外国人の14パーセントを占め、４年間で10万人以上、約２倍に急増している。

こうした、より長い期間日本に住む人たちに注目したのが「東京スター銀行」だ。２０１７年から「永住者」の在留資格を持たない人向けの住宅ローンを始めた。

多くの金融機関では、外国人がマンションや戸建て住宅を買うためにローンを組もうとする際に、在留期間の制限がない「永住者」の資格を持っていることなどを条件としている。返済期間中に在留資格が切れるなどして帰国し、貸し倒れになってしまうことを防ぐためだ。

しかし、東京スター銀行では「永住者」資格がない人でも期限を更新しながら日本で住み続けたいというニーズがあることや、仮にローン返済中に帰国しても物件を売却して一括返済できるので貸し倒れのリスクは少ないと考えた。

実際にこのローンを使って埼玉県草加市のマンションを購入した中国人の男性は、子どもが生まれたことをきっかけに購入を決めたと、次のように話してくれた。

「便利で安全だし子どもには日本で育って欲しいです。それに中国と比べて日本は金利も安いし北京や上海などの大都市と比べて物件価格も低い。周りにも住宅を購入した中国人の知り合いが多くいます」


東京スター銀行の株主は台湾の大手銀行ということもあり、約50人の外国人社員がいる。これを生かすために全店舗にテレビ会議システムを導入し、住宅ローンや口座開設の手続き用に本店とつないで英語と中国語でのサポートを始めた。さらに、2019年1月には川口市で外国人限定のセミナーなども開催している。

そして、銀行の方針として今年、個人客部門の中で「外国人マーケット」を重要ターゲットの1つに位置づけたのだ。ローン提携推進部次長の椙山《すぎやま》淳氏はこう語る。

「日本に根づいて生活する人たちをターゲットにしていますが、その数は今後右肩上がりに増えていくことが予想されますし、住宅ローンだけでなく保険など、ライフイベントに応じて提供できる金融サービスはもっとあると考えています」

拡大するマーケット

各企業はさらなる事業拡大も図っている。

念頭にあるのは、外国人材の受け入れを拡大するため2019年4月から始まった「特定技能」の制度だ。5年間に34万5000人余りの受け入れが見込まれており、業種によっては家族の帯同や永住の申請も可能になる。

GTNは「特定技能」の受け入れ企業に代わって外国人を支援する「登録支援機関」として事業を展開する方針だ。24時間態勢で住居に関する相談窓口を運営してきた実績を生かし、来日した外国人材の生活をサポートしようと考えている。後藤社長は「『外国人マーケット』は出身国によってニーズも違い、事業展開は簡単ではありません。ただ、日本に新規に住み始める人の数を考えると、拡大が見込める未開拓の市場で、今後も参入する企業は増えてパイの奪い合いが起きるでしょう」と話してくれた。

またone visaでは、金融機関と提携し銀行口座の開設やクレジットカードの発行をサポートすることにしている。在留資格の申請の際、入力する情報を元に申込書類を自動で作成するというサービスで、住民登録など役所への届け出の書類作成にも活用したい考えだ。

一時的に日本で生活し、いずれは帰国する人たち——。ともすれば固定観念になっていた外国人へのイメージに囚われることなく、企業の間では「中長期的に暮らす人」としてビジネスチャンスを見いだす動きが広がっている。「労働力」だけではなく「生活者」としての存在感は今後も大きくなっていきそうだ。

命はどう守る？　災害時の外国人住民

労働力としてだけではなく、地域社会の一員としても外国人への〝依存〟が進む日本。しかし、その身近な〝お隣さん〟である彼ら彼女らの命をどう守るかという大きな課題も残されている。とりわけ重要なのが地震や台風などの災害が起きた際の対応である。

実際のところ、日本に住む外国人は災害時に何を感じているのだろうか。

最大震度6弱の揺れが襲った2018年6月18日の大阪府北部地震を体験した、ネパール出身で大阪府豊中市に住むニローズ・シュレスターさんに話を聞いた。

「日本に来て7年目で、初めて経験した大きな地震でした。住んでいるアパートの部屋の中はめちゃめちゃ。背丈ほどある棚は倒れ、中にあった食器が割れてあちこちに散乱しました。何より怖かったのは、家が倒壊してしまうのではないかということでした。しかし、日本で初めての大きな災害に、何をすればいいのか、どこに逃げればいいのか、全くわかりませんでした」

ニローズさんは来日前、ネパールで日本語教師をしていた。取材の際も流ちょうな日本語で当時の状況を説明してくれたが、そんな彼でも地震の時は災害に関する情報を十分に理解できなかったと言う。

「スマートフォンで地震に関する情報を調べていましたが、日本語の情報は専門用語が多くて困りました。『避難所』や『勧告』『緊急』といった言葉はふだん、あまり使いません。辞書を引かないと意味のわからない漢字もたくさんありました」

ニローズさんによると、漢字で書かれた専門的な用語は、長く日本に住んでいても読んだり意味を理解したりするのが難しいそうだ。ニローズさんは近くに避難所が開設されていることもわからず、余震への恐怖から公園で何時間も過ごしたという。

大阪府北部地震では外国人が殺到し、対応に苦慮した避難所もあった。

大阪府箕面《みのお》市の小学校に開設された避難所の様子について、地区の防災責任者の井上芳明さんは次のように話す。

「近くにある大学の外国人留学生、約１４０人が地震の直後から押し寄せてきました。留学生たちは日本語の災害情報を理解できなかったため、仲間の１人が発信したＳＮＳの情報を頼りに集まってきたようです。多少は日本語を話せる留学生がいましたが、当初は会話することもままなりませんでした。また、外国人ならではの宗教上の配慮も、指摘されるまで気づけませんでした。提供する非常食は、豚肉など食事制限のある人でも食べられるものなのか、礼拝を行う場所を設けることはできるのか、対応は後手に回りました」

井上さんは地震後、避難所での対応マニュアルに外国人の項目を盛り込む準備を始めているという。

日系ブラジル人を中心に2万人の外国人が暮らし、南海トラフの巨大地震では津波被害が想定される静岡県浜松市では、外国人の防災対策に以前から積極的に取り組んでいる。

住民の４割を外国人が占める遠州《えんしゅう》浜《はま》地区では、自治会の防災担当を外国人が務めている。7年間にわたって地区の防災担当を務めている日系ブラジル人の新開清二さんは、次のように話す。

「大事にしているのは、日本語が苦手な外国人とのコミュニケーションです。家庭訪問などを重ねて、災害時の行動を伝えたり、年3回の防災訓練への参加を促したりしています」

地道な呼びかけの結果、防災訓練には多くの外国人が参加するようになった。炊き出しでは宗教上の配慮から豚肉を使わない豚汁を用意するなど、外国人側の視点に立って配慮できるようになっている。

「日本語が堪能《たんのう》でない人は地域とのつながりも乏しいですね。同じ外国人の立場だからこそ伝えられることもあるんです。日本と外国の住民をつなぐのが私の使命です」と新開さんは語る。

研修を終え、認定証を授与された方々

浜松市では、新開さんのような外国人の防災リーダーを育成する取り組みも行われている。市の国際交流協会が行う研修には、日本語が堪能な外国人住民たちが参加していた。取材に訪れた日は、24年前の阪神・淡路大震災を経験したペルー人の大城ロクサナさんが講師として招かれていた。大城さんは「当時は日本語がほとんど理解できず、パニックになってしまったり、避難所での生活に苦労したりしました。災害時は外国人の視点に立った支援が必要だと思います」と話していた。

研修では災害についての知識や必要とされる外国人支援の内容を専門的に学び、研修を終えると外国人防災リーダーの認定証が交付される。これまでに受講したのは9カ国128人で、災害時には日本人と外国人の橋渡し役となることが期待されている。

第3章

「人生」「家族」として考える外国人〝依存〟

1 「誰も知らない」子どもたち

独自調査で判明　外国籍の子どもの急増

本書ではここまで、働き手あるいは生活者、消費者として外国人が支える日本の現状について報告してきた。

この章では、労働力や人口減少対策などといった面で取り上げた「成人」ではなく、外国人の「子どもたち」が急増している現状や課題について触れたい。

日本は外国人労働者を積極的に受け入れているから外国人の子どもも増えるのは当然だ、とさらっと考えてしまいそうだ。しかし家族の帯同を前提とした〝移民政策〟をとっていない国で外国人の子どもが増えるというのは、不思議なことではないかと疑問も浮かぶ。

調べてみると、働き手ではない外国籍の子どもたちが急増している現状が見えてきた。そして、彼ら彼女らの姿からは日本社会が〝依存〟するだけでなく、向き合わなければいけない現実が浮き彫りになってきた。

日本に住む15歳未満の外国人の子どもは２０１８年１月時点で約21万４５００人おり、５年前と比べると３万７０００人余り増えている。詳細を分析して２０１３年１月時点と比較した結果、実に全国の41パーセントにあたる７１１の市区町村で外国人の子どもが増加していたのだ。

次ページのランキングをご覧いただくと、増えているのは都市部だけではない。島根県出雲市では２２０パーセント、沖縄県恩納村《おんなそん》では２０８パーセント、それに埼玉県蕨《わらび》市では１４０パーセントの増加。全国のあちこちで、外国人の子どもたちは急増しているのだ。

子どもたちが増えた自治体で、何が起きているのか。増加率が最も高かった島根県出雲市を取材した。

第2章で取り上げたように、出雲市ではここ数年、市内の工場で働く日系ブラジル人が急増している。彼らが母国から家族を呼び寄せるなどして、子どもも増えているのだ。市内に

51	習志野市（千葉県）	45.2%
52	焼津市（静岡県）	44.8%
53	川崎市（神奈川県）	44.7%
54	足立区（東京都）	44.3%
55	三郷市（埼玉県）	44.0%
56	東広島市（広島県）	43.3%
57	碧南市（愛知県）	41.6%
58	八潮市（埼玉県）	41.4%
59	三鷹市（東京都）	41.4%
60	文京区（東京都）	40.6%
61	富山市（富山県）	38.9%
62	大田区（東京都）	37.7%
63	世田谷区（東京都）	37.4%
64	古河市（茨城県）	36.9%
65	豊中市（大阪府）	36.8%
66	丸亀市（香川県）	36.1%
67	高浜市（愛知県）	36.0%
68	豊島区（東京都）	35.9%
69	中野区（東京都）	35.7%
69	足利市（栃木県）	35.7%
71	福岡市（福岡県）	35.7%
72	つくば市（茨城県）	35.2%
73	相模原市（神奈川県）	34.7%
74	横浜市（神奈川県）	34.1%
75	練馬区（東京都）	34.0%
76	いなべ市（三重県）	32.8%
77	佐野市（栃木県）	32.5%
78	常総市（茨城県）	32.1%
78	小松市（石川県）	32.1%
80	蒲郡市（愛知県）	32.1%
81	立川市（東京都）	32.0%
82	半田市（愛知県）	31.8%
83	安城市（愛知県）	31.6%
84	太田市（群馬県）	31.3%
85	春日井市（愛知県）	31.2%
86	所沢市（埼玉県）	30.1%
87	一宮市（愛知県）	30.0%
88	町田市（東京都）	29.8%
89	海老名市（神奈川県）	29.6%
90	宇都宮市（栃木県）	29.5%
91	みよし市（愛知県）	28.7%
92	横須賀市（神奈川県）	28.3%
93	岡山市（岡山県）	28.1%
94	春日部市（埼玉県）	27.4%
95	越前市（福井県）	26.9%
96	桑名市（三重県）	25.7%
97	刈谷市（愛知県）	25.5%
98	墨田区（東京都）	25.4%
99	小平市（東京都）	25.2%
100	八王子市（東京都）	25.0%

0　50　100（%）

［総務省「住民基本台帳に基づく人口、人口動態及び世帯数」を基に作成。2013年を100とした2018年の増加率。増加人数が50人以下の市町村は除く］

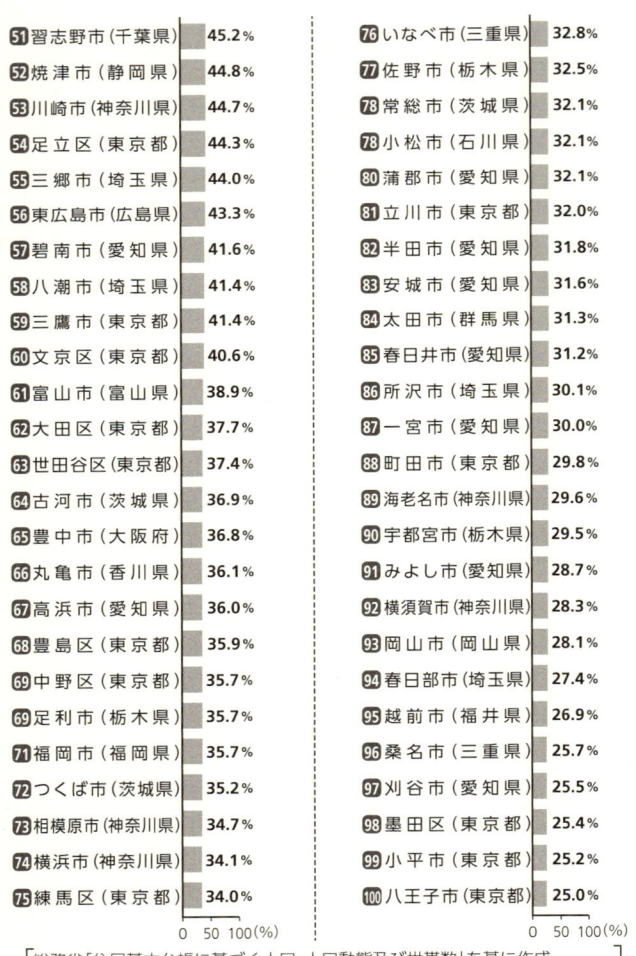

外国人の子どもが増加した市区町村　ランキングトップ100

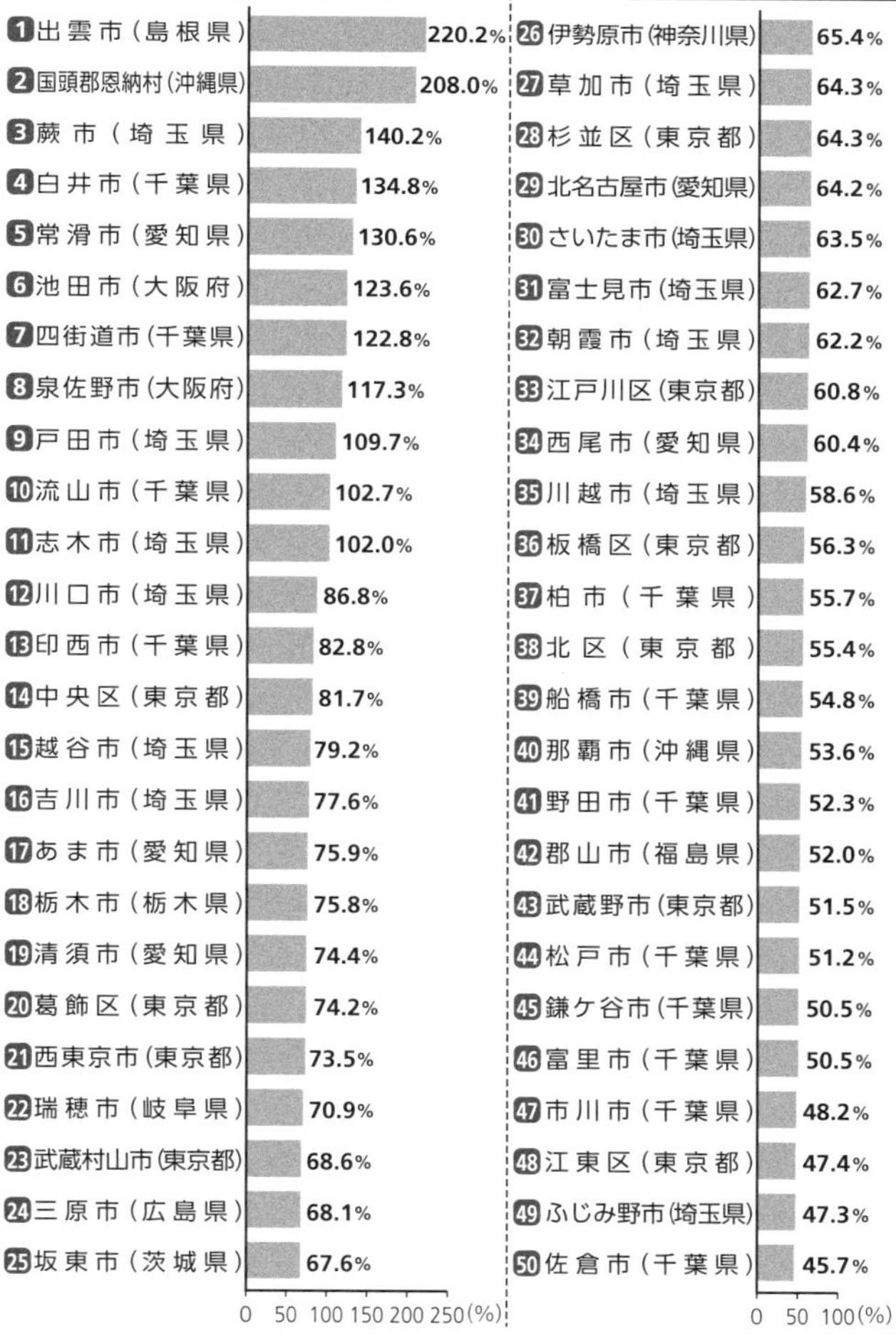
1 出雲市（島根県） 220.2%
2 国頭郡恩納村（沖縄県） 208.0%
3 蕨市（埼玉県） 140.2%
4 白井市（千葉県） 134.8%
5 常滑市（愛知県） 130.6%
6 池田市（大阪府） 123.6%
7 四街道市（千葉県） 122.8%
8 泉佐野市（大阪府） 117.3%
9 戸田市（埼玉県） 109.7%
10 流山市（千葉県） 102.7%
11 志木市（埼玉県） 102.0%
12 川口市（埼玉県） 86.8%
13 印西市（千葉県） 82.8%
14 中央区（東京都） 81.7%
15 越谷市（埼玉県） 79.2%
16 吉川市（埼玉県） 77.6%
17 あま市（愛知県） 75.9%
18 栃木市（栃木県） 75.8%
19 清須市（愛知県） 74.4%
20 葛飾区（東京都） 74.2%
21 西東京市（東京都） 73.5%
22 瑞穂市（岐阜県） 70.9%
23 武蔵村山市（東京都） 68.6%
24 三原市（広島県） 68.1%
25 坂東市（茨城県） 67.6%
0 50 100 150 200 250（%）
26 伊勢原市（神奈川県） 65.4%
27 草加市（埼玉県） 64.3%
28 杉並区（東京都） 64.3%
29 北名古屋市（愛知県） 64.2%
30 さいたま市（埼玉県） 63.5%
31 富士見市（埼玉県） 62.7%
32 朝霞市（埼玉県） 62.2%
33 江戸川区（東京都） 60.8%
34 西尾市（愛知県） 60.4%
35 川越市（埼玉県） 58.6%
36 板橋区（東京都） 56.3%
37 柏市（千葉県） 55.7%
38 北区（東京都） 55.4%
39 船橋市（千葉県） 54.8%
40 那覇市（沖縄県） 53.6%
41 野田市（千葉県） 52.3%
42 郡山市（福島県） 52.0%
43 武蔵野市（東京都） 51.5%
44 松戸市（千葉県） 51.2%
45 鎌ケ谷市（千葉県） 50.5%
46 富里市（千葉県） 50.5%
47 市川市（千葉県） 48.2%
48 江東区（東京都） 47.4%
49 ふじみ野市（埼玉県） 47.3%
50 佐倉市（千葉県） 45.7%
0 50 100（%）

住む15歳未満の外国人の子どもの数は２０１８年３月末時点で２８４人と、５年間で１８０人余り増加している。

外国人が最も多い地域にある出雲市立塩冶《えんや》小学校に行ってみると、なにやら工事の途中。杉谷学校長に何の工事か尋ねてみると、毎月のように外国人の子どもが編入してきて児童数が増えたため、30年ぶりに校舎の増築を進めているというのだ。杉谷校長によれば、この5年間で外国人を含む児童の数は80人余り増加している。

こうした状況に、長岡秀人市長は「外国人の子どもたちにも日本の子どもたちと同じ暮らしの中で成長してもらいたいので、市としてもできるかぎりの対応をしていきたい。元気な出雲市を作るうえでの源になってもらえると信じている」と期待をかけている。

こうした外国籍の子どもたちは、どのようにして日本に来るのか。子どもたちも大人と同様に、36種類ある在留資格のうち何か１つを取得する必要がある。

子どもたちの在留資格を詳しく分析してみると、増えているのが「家族滞在」の資格だ。これは主に、働くために来日した外国人の子どもや配偶者が取得できる在留資格で、申請できる人は幅広い。国内の企業で働く正社員の外国人や外国料理店の調理師として働く人、大

「家族滞在」の子どもの数

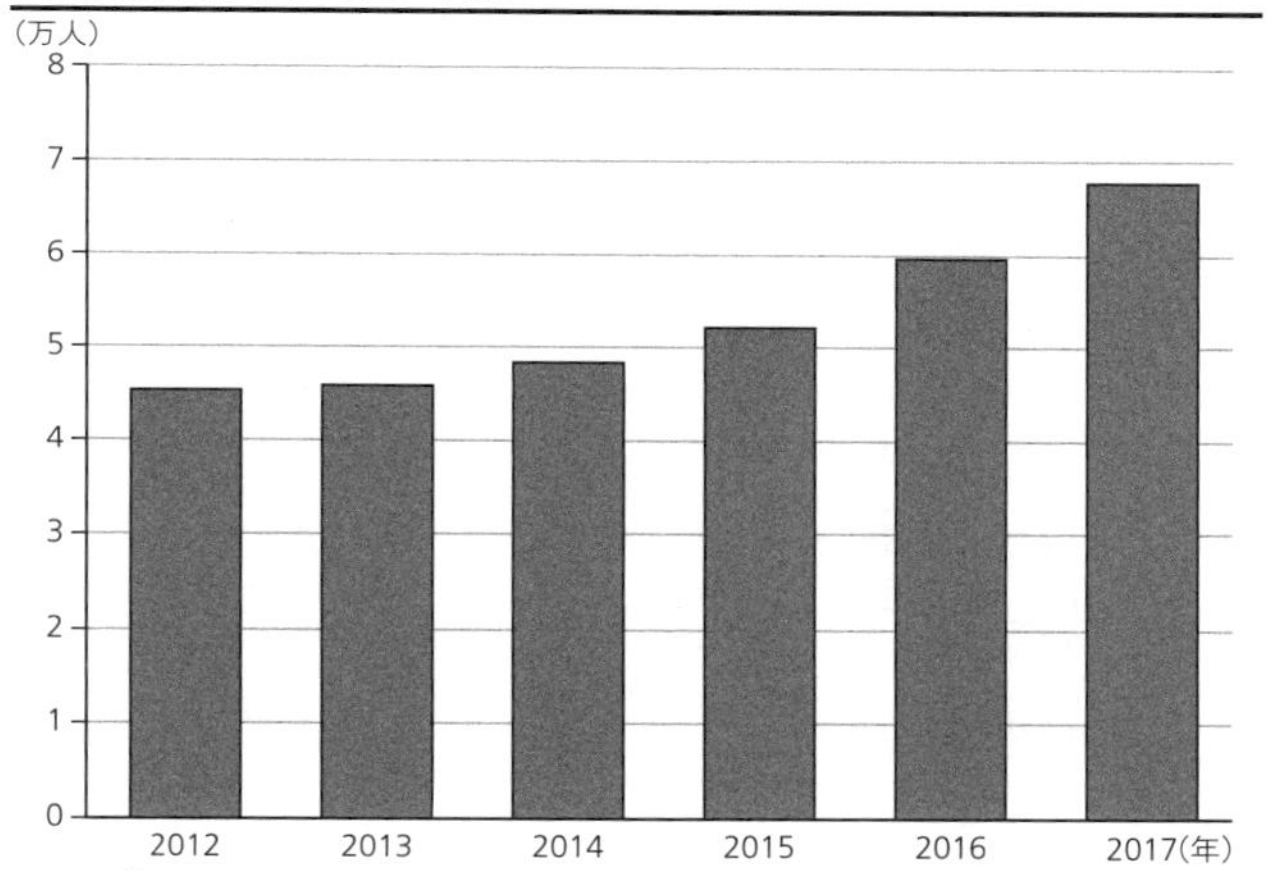

[法務省「在留外国人統計」を基に作成。15歳未満の人口のみ]

学で学ぶ留学生も取得可能だ。17種類の資格で、それを持つ人の子どもや配偶者が「家族滞在」として入国できるのだ。

推移をまとめてみると、２０１７年までの５年間で15歳未満の外国人の子どものうち「家族滞在」の資格を持つ子どもは１・５倍増えて６万７０００人余り。日本にいる外国人の子どものうち、約３割を占めている。

「出稼ぎ」ではなく「呼び寄せ」
——東京都新宿区

では、なぜ「家族滞在」が増えているのか。その理由を探ろうと、実際に資格を利用している一家を取材した。

新宿区に住むベトナム人のダオ・バン・トゥアンさんと妻のサーさん、そして長男のロック君。3年前に通訳として日本企業に就職して来日したトゥアンさんが、半年前に2人を「家族滞在」で呼び寄せた。

トゥアンさんは、日本で家族とともに暮らすことを決めた理由を「ベトナム人の考え方では、家族は一緒に暮らす。離れ離れになるのはよくない。働いて帰って奥さんの手料理があると疲れが取れる」と話す。トゥアンさんは、18年前に技能実習生として来日して、金型の溶接技術を学んでベトナムに帰国。大学で日本語を勉強して、

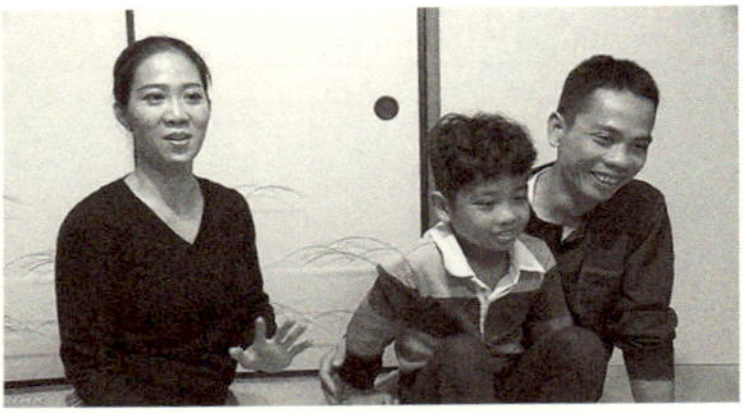

トゥアンさん一家

現地の日系企業で通訳の経験を積んだ後、今の会社に就職したそうだ。

外国人の子どもの実情に詳しい、愛知淑徳大学の小島祥美《よしみ》准教授は「家族での来日を希望する外国人が増えていて、日本で就職した元留学生や元技能実習生など家族で来日できる在留資格を持つ外国人はそうした傾向が高い」と指摘する。

これまで、日本で働く外国人は母国の家族に給料を仕送りする〝出稼ぎ〟だと言われてきたが今や、家族もいっしょに日本で暮らす〝呼び寄せ〟が急増しているのだ。

中断する授業と足りない人員――福井県越前《えちぜん》市

〝呼び寄せ〟は「家族滞在」だけではなく、家族も含めて「定住者」という在留資格で来日できる日系人の間でも広がっている。

約4300人の外国人が住む福井県越前市。大半が、市内にある大手電子部品メーカーなどで働く日系ブラジル人の工場労働者だ。

今、越前市ではその子どもたちが急速に増えている。取材で訪ねた武生西《たけふにし》小学校では全校児童355人のうちの79人が外国人。実に5分の1だ。さらに、毎月のように新たな外国人児童が入学してきているそうである。

外国人児童の多くが日本語を十分に理解できないため、通常の授業とは別に特別クラスを設けている。特別クラスでは、子ども1人に対して教員やスタッフがつきっきりで、ひらがなや数字の読み書きなど日本語の指導にあたる。

しかし、通常の授業に目を向けると、そこに外国人の子どもの言葉を理解できる教員やスタッフはいない。そのため、授業が中断することもしばしば。日本語を比較的理解できる外国人の子どもが他の子に通訳しているのが現状だ。

越前市の外国人児童・生徒数と日本語指導予算の推移

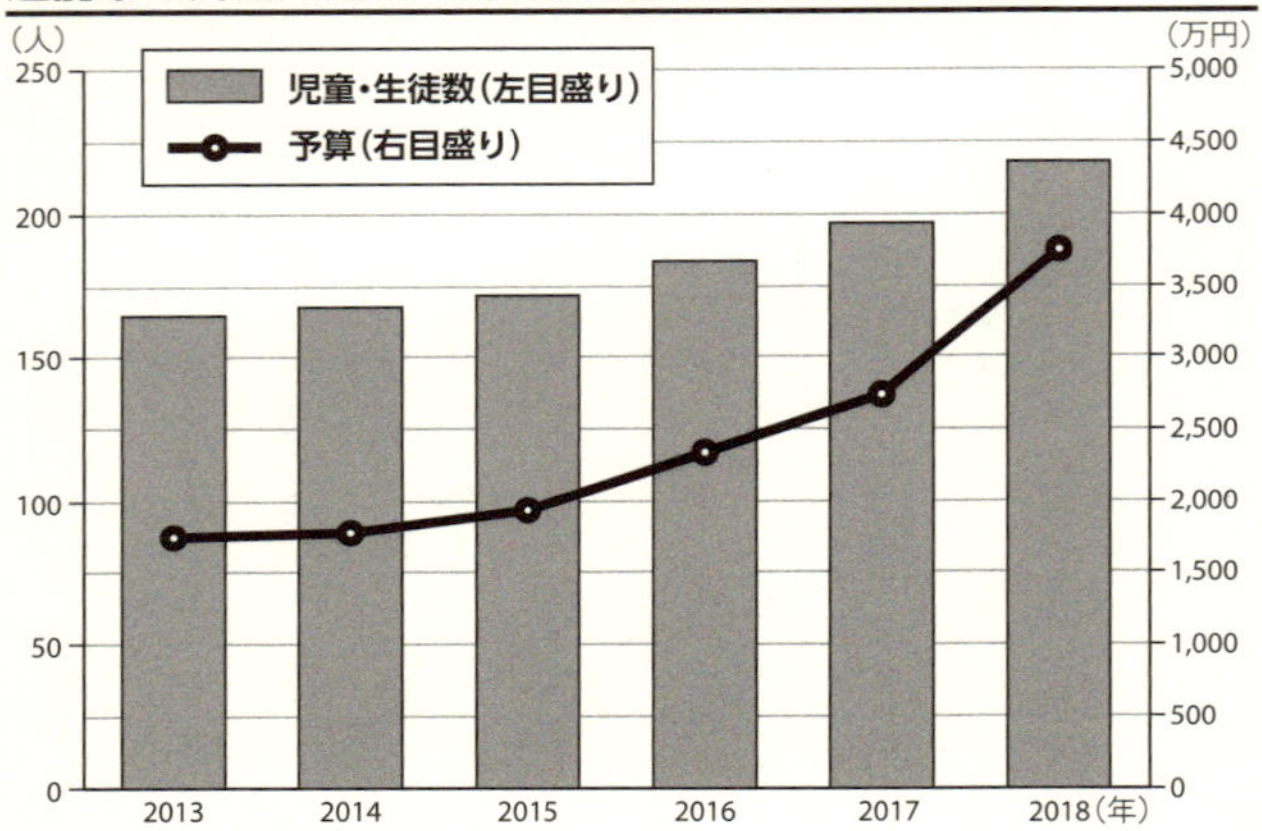

［越前市への取材を基に作成。
児童・生徒は小中学校に通う人数。予算額は小中学校の臨時職員の人件費］

小学校の松澤紳校長は「ひらがなや数字の読み書きといった日本語の初期指導は、今は人員を確保できているので、環境を整えられていると思います。ただ、これ以上外国人の子どもたちが入学してくると、初期指導も苦しい状況になると予想しています。それだけでなく、継続的な指導は児童一人一人に必要になってきますが、そうした人員はすでに不足しているんです」と実情を話す。

それではなぜ、通常の授業に通訳を配置できないのか。予算の壁に直面しているためだ。

特別クラスで外国人児童の指導にあたる教員2人の人件費は、国や県が負担しているが、それだけでは子どもたちの急増に追いつかないため、市は独自で5人の臨時職員を雇用している。市内の他の小中学校も合わせると市が独自に雇用する臨時職員は14人に上る。その予算が5年間で倍増し、2018年度は3700万円余りに。市ではこれ以上、負担しきれなくなっているのだ。ましてや通常の授業まではとても対応できないという。

越前市の奈良俊幸市長は、さらなる財政支出は限界だと訴える。

「この2、3年の外国人の子どもたちの増え方は急激で、教育現場では十分に対応し切れていない。一方で、越前市でこのまま負担を増やすことは現実的に不可能だ。国が現場に予算措置をして、必要な教員が配置されるようにして欲しい」

教室が足りない！――島根県出雲市

先述した出雲市の塩冶小学校では現在、ほとんどのクラスに最低1人は外国人の子どもがいる。2018年は毎月のように子どもが転入してきたが、そのほとんどは日本語を全く話せなかったそうだ。当然、そのままでは授業についていけないため、初歩的な日本語を教える特別な授業を行っている。「まずは『体調が悪い』『トイレはどこ』といった最低限の、覚えさせないといけない〟サバイバル日本語〟からです」と杉谷校長は語る。特別教室のため空き教室をついたてで仕切ったり図工室を使ったりしているが、それでも場所が足りないという。

日本語の指導は試行錯誤が続いている。塩冶小学校では14人のスタッフが日本語の指導や通訳にあたっている。学校では「取り出し授業」として、通常のクラスから文字通り子どもを「取り出し」て、日本語の能力に応じて指導する。低学年、中学年、高学年ごとにまとめた上で、3〜4人の少人数か、時には1対1で行う。また、体育や音楽など言葉がそこまで通じなくても問題ない授業は、溶け込みやすい環境を作るためにふだんのクラスで受ける。

このため、子どもたち一人一人に個別の時間割を作成しなければいけない。

指導に関しても、全国で共通の教材などはない。はじめは何を使っていいのかもわからなかったが、今では以前から外国人の子どもを多く受け入れてきた東海地方などの自治体がネット上で公開している教材を活用している。

初歩的な日本語がわかるようになるまで大体3〜4カ月、つまり1学期分はかかるという。それが終わると通常の授業に入るようになるが、また完全には理解できない。このため、授業で使う教科書を要約した「リライト教材」を独自に作成している。日本語指導にあたる宮廻祐子さんは「ただ文字を教えるだけではなく、考えながら読む力を身につけさせ、生活指導も同時に行わなければいけないのがとても難しいです」と話す。

親との関係づくりも一苦労だ。まずは転入してくる際に1時間半～2時間程度のガイダンスを行う。ここでは集団登校の方法から給食の集金方法、学校の教育方針などを話す。配布する資料にはポルトガル語の訳をつけ、筆箱や体操服、鍵盤ハーモニカといった学校で必要なものを写真で一覧にしてあらかじめ購入するよう伝える。

そうした事前の説明をしても「欠席をする時に連絡が来ません。毎回電話して確認しているんですが」と宮廻さんが教えてくれた。過去には雨が降ると学校に来ない、といったケースもあったそうだ。

さらに悩みを深めているのが、子どもが今後も増えていくと予想されることだ。

指導スタッフ1人あたりの受け持つ子どもを増やすと、日本語指導が行き届かなくなるおそれもある。かといって「取り出し授業」の時間を減らすと、通常クラスの担任にも負担がかかるというのだ。杉谷校長は「子どもの数に指導の人員も比例しなければいけないけど追いつかないんです。それにどのくらいの数の子が来るかが読めないのもあって」と話す。

出雲市が指導スタッフを増やせないのは、福井県越前市のケースと同じように、予算が理由にある。塩冶小学校も含めて出雲市全体で指導スタッフは22人。5年前にはわずか3人しかいなかったが、子どもの増加に応じて年々増やしてきた。それに伴い予算も急増。国や県からの補助もあるが、今年度は約3000万円の予算が充てられている。

また、市では教員免許を持っていることなどを採用の条件としているが、希望する人材を確保するのは簡単ではない。このため、複数の学校を掛け持つスタッフもいる。市内では塩冶小学校以外の学校にも外国人の子どもが増えていて、指導のノウハウをどう共有していくかも課題だ。

長岡市長は「日本の子どもたちと同じように暮らしながら成長してもらいたいが、これ以上増えていった時には様々な課題が出てくる。市としてもできる限りの対応をしていきたいし、県や国も含めてもっと色々な制度とか支援の仕方とかを考えてもらいたい。一自治体でやれることに限界はあると思う」と話す。

愛知県　日本語指導の人件費

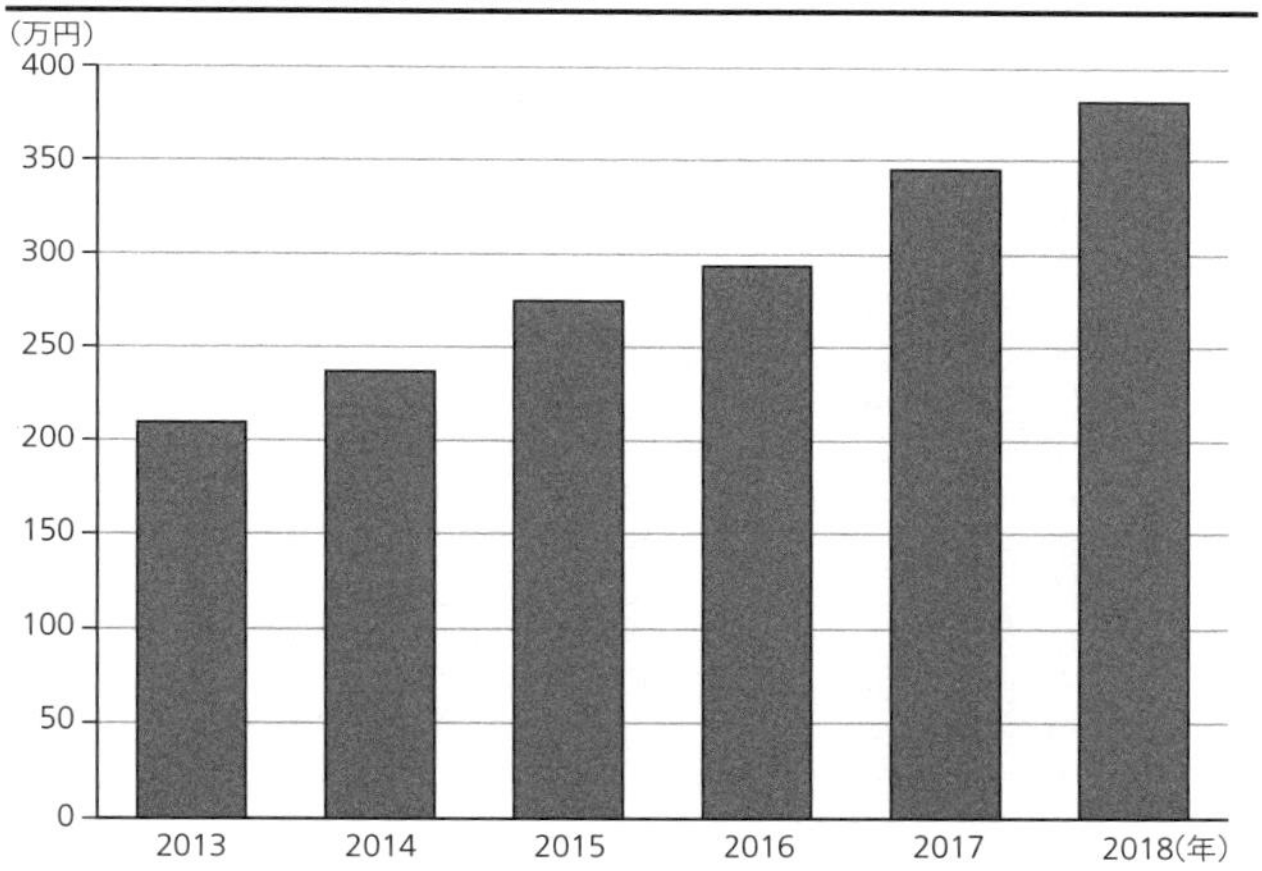

［愛知県への取材を基に作成］

実態は「移民」との指摘も

外国人児童の指導に頭を悩ませるのは、越前市や出雲市だけではない。

日本の小中学校に通う外国籍の子どもは年々増えていて、２０１７年５月時点で、７万７０００人。５年前と比べて１万４０００人近く増えている。

中でも、文部科学省の調査によると２０１６年５月時点で、小中学校にいる日本語の指導が必要な外国人の児童・生徒は３万１０００人近くに上っていて、５年間で約６０００人も増えているのだ。

日本語指導を必要とする子どもが全国で

最も多いのが、愛知県だ。県内の小中学校に通う外国人の子どもは約1万1000人いて、そのうちの6割、7000人は日本語がほとんどできない。

このため愛知県では、1992年度から国の予算支援も受けながら日本語指導のための教員を小中学校に配置し、2018年度は542人いる。そして、そのための人件費は2018年度では国の負担分も含めて実に38億円余りにも上っている。制度を始めた1992年度時点と比べると約15倍に跳ね上がっているのだ。

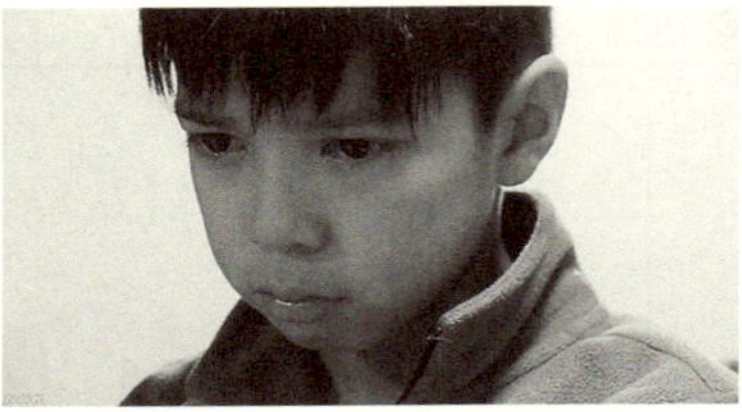
涙を流すヴィクトル君

こうした状況に愛知県と群馬県、それに静岡県など合わせて29の道と県は、国に外国籍の子どもの学習支援充実に向けて財政措置を拡充することなどを求めた。

先述の小島准教授は、国による仕組み作りが不十分だと指摘する。

「外国人は家族と定住化し永住を希望する人も多い。日本で育ち、日本を『地元』と呼ぶ子どもたちもたくさんいて、地域社会の中で確実に『移民』が起きている。日本語の指導が必要な子どもたちが地域で増加しているのに、対応は自治体や学校任せになっていて、国による法整備・制度が追いついていない」

こうした状況の中で心配されるのは、子どもたちの将来だ。

私たちが話を聞いたのは、越前市の小学校に通うヴィクトル・ナカギシ君（10歳）。父親の仕事のため２０１８年６月に家族４人で来日した。家でも日本語の勉強を続けているが、まだ日本語を理解するのは難しいそうだ。

「授業の内容は全然わからない。人でも機械でもいいから通訳がいてくれたらいいのに……」

話を聞いていると、突然、ヴィクトル君の目から涙があふれてきた。

「ブラジルが恋しいよ。ブラジルではたくさん友だちがいて、いつもいっしょだったのに、日本ではひとりぼっち……」

ヴィクトル君は学校で支援を受けながら授業に出ているが、授業についていけないだけでなく、親しい友達ができない現実にも直面しているのだ。

保育園にとどまる10歳児――静岡県浜松市

「6歳から10歳の子どもたちが小学校に通わず、保育園にとどまり続けている」

この話を聞いて耳を疑った。本当にそんなことがあるのだろうか。

だが取材をしてみると、実際にそういう子どもたちが存在していたのだ。それも1人、2人ではない。

どうして子どもたちは保育園にとどまり続けているのだろうか。

その保育園は、静岡県浜松市にあった。

ここに通う子どもたちは、ブラジルやペルー、フィリピンなどから来日した約40人。日本人はおらず、全員が外国籍の子どもたちだ。保育園の運営者や職員も全員ブラジル人。園内で使われている言葉もポルトガル語だ。ここは、外国人向けの無認可保育園だという。

よく見ると、他の保育園と違う、気になる光景が目に入った。

ベビーベッドのそばで遊ぶ子どもたちの中に、少しだけ身長の高い男の子が交じっていた。職員に聞くと、その子の年齢は10歳。詳しく聞くと、ここには本来なら小学校に通っているはずの６歳から10歳の、合わせて６人が保育園にとどまっているというのだ。

ここはいったい、どういう保育園なのだろうか。子どもたちの１日を追いかけた。

朝８時ごろ、職員の送迎バスに乗って通園したあと、朝食をとり、簡単な体操をする。９時になると机と椅子、それにホワイトボードがある教室のような部屋に移った。ブラジルの小学校で使うという教材を用いて、英語や算数などの教科を勉強する。勉強は自習スタイルで、わからないことがあると職員に質問をする形だ。

職員の中にはブラジルの教員免許を持つ人もいるそうだが、この日教えていた職員はブラジルの大学卒業の資格を持つものの、教員免許は持っていない。ここでの勉強はあくまでも学習支援で、学校の授業とは違うのだ。

その後、昼食をはさんで、午後４時ごろまで勉強。そして、職員が送迎バスで子どもたちを自宅に送り届ける。職員が送迎を終え、保育園に戻ったのは午後８時半。

職員の１人はこう語る。「親の依頼があれば、夕飯や風呂の世話をして送り届けることもたびたびあります。また、子どもの体調が悪くなれば、医療機関に連れていくこともあります。共働きの両親が多く、送迎のサービスや長時間の保育が人気です」

なぜ、保育園にとどまり続けているのか。保護者と子どもにも直接、話を聞かせてもらった。

ブラジル国籍のマリアさん（7歳）は2017年11月、ブラジルから家族4人で来日して以来、弟のエンリケ君（4歳）と保育園に通い続けている。

20代の両親は、派遣社員として自動車部品の工場で働いている。派遣会社から「ブラジルから来た家族を支援してくれる」と、保育園を紹介されたという。

父親は週5日、午前6時に自宅を出て、愛知県豊橋市の工場で朝7時から夜7時まで勤務。母親も朝から夕方まで働いている。父親は保育園について「残業を多くして収入を上げ、生活を安定させたい。保育園は頼りになる存在です」と話す。

実は父親は当初、マリアさんを公立小学校に通わせようとした。だが、知人のブラジル人から聞いたのは、言葉や文化、習慣が違いすぎて子どもが学校になじめなかったという話だ。

例えば、給食。ふだん家庭では口にしない味噌汁や納豆などの苦手な食事が出ても、全部食べるよう指導されるなど、ブラジルの学校にはない、日本独特のルールがあることを知り、不安になったという。

特に父親が心配しているのが、いじめや差別の問題だ。学校になじめない外国人の子どもたちがいじめにあったり、差別的なあつかいを受けたりするという話をよく聞くそうだ。

その一方で、文化や習慣、言葉の心配が少ない外国人学校に行かせたくても、今の収入では学費を払えない。日本の学校への不安、それに経済的な理由で、子どもを保育園にとどまらせざるを得ないというのだ。父親はこう語る。

「通っている保育園が、教育機関でないことは知っています。できるだけ、子どもに良い教育を受けさせたい。でも、今すぐ子どもを外国人学校に入れる経済的な余裕はありません。子どもたちは保育園が好きだし、当面は保育園に入れておきたい」

義務教育の対象にならない外国人——静岡県浜松市　東京都福生《ふっさ》市

マリアさんのような子どもを学校に行かせていないことに法律上の問題はないのか。国や専門家に取材したところ、「問題はない」とのことだった。

実は、外国人は義務教育の対象にはなっていない。憲法は「国民」に対して、子どもに小中学校の教育を受けさせる義務を課している。しかし、外国籍の保護者は「国民」にはあたらず、対象外としているからだ。

文部科学省は、国際的な子どもの権利に関する規約や条約を踏まえて、外国籍の子どもたちについては就学を「希望する場合」には日本人と同様に受け入れるよう通知しているが、その最終的な判断は自治体にゆだねられ、実際は対応に温度差がある。


こうした状況に、自治体も頭を悩ませている。

外国人労働者が多く住む浜松市では、十分な教育を受けられず進学や就職の壁にぶつかる外国籍の若者が少なくない。このため、市は２０１１年度から外国籍の「不就学」の子どもを訪問調査などで探し出し、早いうちに学校につなげるという取り組みを行っている。

市では住民票に記載があるものの学校に通っていない児童や生徒を調べて、担当者が一軒一軒訪問してその所在を確認している。浜松市によると、学校だけでなく学習支援教室などにも通っていないなど、学習する環境にない状態で帰国予定もない「完全不就学」の外国籍の子どもの数は、２０１８年12月時点で２人いるそうだ。

この取り組みで市はマリアさんの存在を把握し、両親に学校に通わせることを勧めてきた。しかし、親の理解が得られず、学校につなげることはできていない。

浜松市の担当者は次のように話す。

「就学の義務がなければ、いくら両親を説得しても、望まない限り子どもを学校に入れることはできません。子どもには、年齢に応じた学びがあります。小中学校や外国人学校などの教育機関で、教育を受けて欲しい。日本に住み続ける場合、将来子どもが安定した収入を得るために高校卒業程度の資格は必要で、学校に行くことがどれだけ大事か知って欲しい」

一方で、「不就学」となった子どもの中には日本語ができないことを理由に自治体側から事実上、就学を断られたというケースもある。

外国にルーツのある子どもたちの支援をしている東京・福生市の日本語教室「ＹＳＣ　グローバル・スクール」はこれまでに30カ国、６００人余りの子どもたちと接してきた。

ネパール人のダンゴル・シャンティさんは２０１４年、ネパールで生まれ育った次女で中学１年生のラビナさんを日本に呼び寄せた。娘を日本の中学校へ通わせようと教育委員会の窓口を訪ねたが、その際に、担当した職員から「ネパール語の通訳がいないから学校に来ても大変だろう。日本語がわかるようになってから、もう一度来てください」と言われたそうだ。また、担当者には「通訳がいないと〝かわいそう〟だから受け入れられない」とも言われたという。

シャンティさんは日本語学校なども知らず、事実上、学校への受け入れを拒否されたと思い、途方に暮れた。しかしなんとか、知人のつてを頼り、「YSC　グローバル・スクール」にたどりつき、次女のラビナさんは4カ月間日本語を学んだ後、市立中学校に進学することができた。

「YSC　グローバル・スクール」で統括コーディネーターを務める田中宝紀《いき》さんは、「私たちのような民間の支援の場につながった子どもたちは学習の機会を得られるが、『日本語ができるようになってから』と言われた時点であきらめたり、地域に日本語を教えてくれる場所がなかったりしたら、そのまま学校に行かず自宅にこもってすごしていたかもしれない」と話す。

推計8400人超の「不就学」外国人

このように外国人の子どもの問題の取材をしていると、各地で学校に行っていない子どもの話をひんぱんに聞く。その事情は様々だが、そもそも国やほとんどの自治体が外国籍の「不就学」児童・生徒がどれほどいるのか把握できていない。国や自治体は「不就学」児童・生徒を把握するための調査を毎年行っているが、外国籍の子どもたちは調査の対象になっていないためだ。

そこで私たちは、専門家と一緒に国のデータを分析し、試算してみることにした。具体的には、２０１８年時点で義務教育の年齢に相当する6歳から14歳までの外国人の数から、小・中学校や外国人学校などに通う外国籍の児童・生徒の数を引き、その数を推計した。すると、6歳から14歳までの外国人の子ども12万人余りのうち、約８４００人が「不就学」のおそれがあることがわかった。

この中には、認可されていない外国人学校に通うケースや、届けを出さないまま帰国や転居したケースも相当数あると見られる。しかし、統計などを基に私たちが出せる数字は、これが限界だった。

２０１９年4月から外国人材の受け入れが広がったのに伴って、文部科学省も、ようやく重い腰を上げ、初めての全国調査を行うとしている。

私たちと分析にあたった小島准教授は次のように指摘する。

『「不就学』が起きてしまう一番の原因は、外国籍の児童・生徒が義務教育の対象ではないことが一番大きい。日本でこれだけ多くの子どもたちが学校に行けず学べていない現実を、どう受け止めるのか、大きな課題だと思います。これからますます外国人が増加していくだろう状況の中で、この子どもたちを放っておくことが、日本の将来、また、地域社会にどんな影響を及ぼすのか考える必要があるのではないでしょうか。外国籍の事実だけで子どもたちを教育の分野から排除するという対応自体を見直していかなければ、グローバル化が進む中で、日本が取り残されてしまうのは目に見えていることです」

取材の終わりに、浜松市のマリアさんに将来の夢を聞いた。するとこう答えてくれた。

「医者になりたいです。そして、たくさん働いている両親の面倒をみたい」

外国人は対象から除外

日本に住む外国人の児童・生徒約12万人の7パーセントにあたる、約８４００人に上ると推計される「不就学」の子どもたち。その実態を把握しようという取材の過程で、ある文言を見つけた。

「外国人は、対象から除外する」

文部科学省が毎年行っている「不就学学齢児童生徒調査」の調査票に書かれていた言葉だ。

この調査は、義務教育制度のある日本で、学校に通っていない子どもたちを把握して1人でも多くの子どもたちが学校に通えるように行っているものだ。「外国人は、対象から除外する」とはつまり、学校に通っていない外国人の子どもたちがどういう状況に置かれているのか、調べなくてもいいということなのだろうか。

そこでこの疑問を、調査を行っている文部科学省にぶつけた。

――調査票に「外国人は、対象から除外する」と書いてあるが？

「市区町村の教育委員会は、就学義務の発生や、就学義務の対象となっている児童や生徒をちゃんと学校に通っているかを把握するために『学齢簿』という名簿を作ることになっていますが、その学齢簿は、日本国籍を有している者が記載の対象となっているためです」

――なぜ、学齢簿は日本国籍を有している子どもだけが対象なのか？

「学齢簿に外国籍の児童・生徒が記載されていないのは、外国人が就学義務を負っていないためです」

やはり、その理由は義務教育の「壁」だった。改めて義務教育の対象を調べてみたところ、憲法にはこう記されていた。

第26条
すべて国民は、法律の定めるところにより、その能力に応じて、ひとしく教育を受ける権利を有する。
2　すべて国民は、法律の定めるところにより、その保護する子女に普通教育を受けさせる義務を負ふ。義務教育は、これを無償とする。（※傍線筆者）

義務教育の対象はあくまでも国民であって、外国人は対象ではないのだ。

先述の小島准教授は次のように話す。

「外国人の子どもたちは、希望すれば入学はできますが、でもそれはある種の恩恵的な扱いとして入学できているだけです。彼ら彼女らは日本語がわからなくなって勉強についていけなかったり、自分に自信がもてなくなったりして、学校を辞めてしまう子もいます。その安全装置として外国人学校がありますが、どうしても授業料が高くて支払えず学校に行けないケースもあります。経済的に苦しい親を少しでも助けたいという思いから、働いてしまう子どもたちもいるんです。働かないまでも弟や妹の面倒をみる家事労働をしている子どももいます。彼ら彼女らは、ある意味では労働を強いられてしまっているんです」

小島准教授は、別の驚くようなケースも教えてくれた。日本人の場合、学校を30日以上欠席すると不登校の扱いになるが、外国籍の子どもの場合は「除籍」されてしまうケースもあるそうなのだ。学校は給食費や学用品の代金を保護者から集めているが、長期欠席するとその代金が得られないので「除籍」しているのではないかと、小島准教授は分析している。

しかし、「除籍」してしまうと、その外国籍の子どもたちがもし学び直そうにも、在籍日数が足りなくなったり高校進学の際に大きな影響が出たりしてしまうそうだ。

小島准教授によれば、外国人の「不就学」現象は少なくとも10年前から起きていたという。

日本人でも1年以上所在がわからない子どもたちはいる。文部科学省の2018年の調査によると、その数は63人。日本人の児童や生徒は1000万人近くいるので、割合は0・0006パーセント。それだけ日本では義務教育が徹底されていることがわかる。

一方、外国人の場合は8400人。児童・生徒全体に占める割合は7パーセントだったため、出現率で比較すると1万1000倍の差がある。

繰り返しになるが、外国人の「不就学」の数はあくまでも統計データから推計しただけなので、実際には住民票を残したままですでに引っ越しをしていたり、帰国していたり、あるいは無認可の外国人学校に通ったりして、「不就学」ではない子どもたちも含まれているかもしれない。

しかし、日本が批准している国際規約にはこう書かれている。

「この規約の締約国は、教育についてのすべての者の権利を認める」

日本に住む外国人の子どもたちは、自ら希望しないと教育を受けられず、学校に通っていなければどこにいるかもわからない。0・0006パーセントと7パーセント。その差は明らかだ。

言葉の壁にぶつかる前に——茨城県常総市

都市部に限らず、全国津々浦々で急増している外国籍の子どもたち。

住民の約8パーセントを外国人が占める茨城県常総市も、日本語が苦手な子どもたちへの教育が大きな課題となっている。

「2年前、市内に住んでいる外国籍の未就学児の実態を調べたところ、約３３０人のうち半数近くが保育園などに通わず家にいて、家族以外との接点がほとんどなかった。小学生になって初めて日本の社会や言葉の壁に直面していることがわかったんです」

こう話すのは、生活相談や通訳業務など外国人を支援する取り組みを長年続けてきた茨城NPOセンター・コモンズの横田能洋《よしひろ》代表だ。

プレスクールの授業風景

常総市でも、外国人の子どもの教育は大きな課題の１つになっている。学校側も専門の教員や支援員を配置して特別授業を行うなどの対応をとっているが、NPOでも10年ほど前から、学校の勉強から取り残されがちな子どもたちを対象に、放課後に日本語を教えたり補習をしたりしてきた。そういった活動を続ける中で見えてきたのが、外国人の子どもたちの多くが、小学校で初めて日本の社会に接するという実態だった。

横田代表は次のように話してくれた。

「それでは子どもが日本語をできなくても当然ですし、保護者も日本の教育制度や学校のルール・マナーがわからず不安を感じていました。子どもが学校に行きたがらなくなるなど本当に困って相談してきてから対応するのは大変で、自信をなくして不登校になってしまう子も見てきました。根本的な解決のためには、子どもや保護者を就学前から支援しなければと考えるようになったのです」

そこで横田さんたちが始めたのが「プレスクール」だ。

もうすぐ小学1年生となる子どもと保護者を対象に、1月から3月ごろにかけて数回開催。子どもたちには学校での過ごし方や日本語でのあいさつ、ひらがななどを教え、保護者には学校に提出する書類の書き方や学校の仕組み、保護者の役割などを説明する。2018年のプレスクールでは地元の小学校の協力を得て、実際の1年生の教室を使わせてもらった。

また、2018年にはプレスクールの要素を取り入れた保育園を設立した。家にいる就学前の子どもたちの居場所にもなる。現在通っている子どもは10人余り。日本人と外国人のスタッフが、様々なルーツを持つ子どもたちそれぞれの文化を尊重しながら、日本語や日本の生活習慣などを教えている。

取材に訪れた日の、プレスクールの時間、スタッフと子どもたちがこんなやりとりをしていた。

「好きな遊びや好きな色、発表したい人は手をあげて」
「好きな『果物』は、肉と白いごはんと……」
「それは『果物』ではなくて、『食べ物』ね」

こちらが意図をくみ取れば子どもの言いたいことは伝わるが、スタッフが間違いをきちんと指摘する。日本語での日常会話はなんとなくできても、学習の場で使う日本語を身につけるのは難しいというのだ。

「多言語を話せる子どもたちには大きな可能性があります。しかし学校でつまずいて進学をあきらめたり中退してしまったりしたら、可能性は狭まってしまう。子どもたちが自信を持って日本で育っていけるように、課題にははなるべく早い段階から、根本から取り組んでいかなくては」と、横田さんは語っていた。

話せるけど、わからない――福井県越前市

日本語がわからないまま来日する子どもたちが増えれば、当然日本語の指導が必要になる子どもの数も増える。ただ問題は、それほど単純ではないようだ。そこにはある「壁」が存

在する。

先にも紹介した、人口の5パーセントを外国人が占める福井県越前市。大手電子部品メーカーの工場があり、日系ブラジル人を中心に多くの外国人労働者が暮らしている。

2018年10月、越前市に開設されたのが、外国人の子どもたち向けの学習支援教室「オラ・バモス」だ。ポルトガル語で「さあ、頑張ろう」という意味が込められている。地域で増える外国人の子どもたちを支援しようと、教員OBや大学生たちがボランティアで始めた。

毎週月曜に開かれている学習支援教室を訪ねた。

教室が始まる午後4時ごろになると、小学1年生から10代後半の子どもたちが次々と集まってきた。教室に通うのは約40人で、ほとんどが日系ブラジル人だ。

子どもたちは教室に入ってくると「ただいま」と日本語で元気にあいさつして、早速勉強の準備。外国人の子ども1人から2人に対してボランティアの先生1人がついて指導が始まった。

私たちは当初、ここではほとんど日本語ができずに、基礎的な日本語を学んでいる子どもたちが集まる、いわば「日本語教室」のような場所だと想像していた。

しかし、実際に教室の様子を見ていると、外国人の子ども同士でも日本語で会話をしていることに気付いた。中には、日本人と同じような言葉を発する子どもたちも多く、意外だった。

ただ、何度か教室を訪ねて勉強の様子を見ていると、何か見えない「壁」にぶつかっていると感じるようになった。

宿題に取り組むルミさん

中でも気になる１人の女の子がいた。日系ブラジル人で中学３年生の塩沢ルミさん（14歳）だ。ルミさんは、毎週欠かさずここへ通い、ひときわ熱心に宿題に取り組んでいた。

話を聞いてみると、生後４カ月で祖母と母親と一緒に、ブラジルから日本へ来たそうだ。日本育ちなので日本語は流ちょうで、私たちの質問にもそつなく答える。聡明な子という印象だ。

家庭ではポルトガル語も使うそうだが、ルミさんは小学校から日本の公立学校に通っているので「ポルトガル語は苦手。母語は日本語です」と話していた。

ルミさんが得意なのは、暗記。漢字テストでは100点を取ることもあったり、選択肢を選ぶだけの問題も得意だ。しかし、文章問題が増える小学4年生ごろから授業について行くのを難しく感じるようになったという。中学3年生になった今年の定期テストでは、5教科の合計点が合わせて200点にも届かなかった。

教室で教える松原香代子さんは、ルミさんが来た当初、教科書に書いてあるような言葉を読み解く力が十分に身についていないと感じたそうである。松原さんはこう語る。

「ルミちゃんは中学2年生で教室に来ましたが、小学4年生で習ってるはずの『分数』や『等分』という言葉の意味がわかっていませんでした。ですから、実際にケーキを切って、3つにわけたうちの1つを3分の1というんだよ、と示してあげてようやく理解できました」

確かに、ルミさんが勉強をしている様子を見ていると、教科書をすらすらと読み上げていても「書いてある意味がわからない」「理解ができない」と訴えて、顔を覆うこともあった。

「授業は聞けるし、教科書は読めます。でも、どこからわからなくなったのかも、何がわからないのかもわからない。そこが一番困っているところです」

「学習言語」の壁

教室を見てみると、ルミさんのように幼くして日本に来たり、日本で生まれ育ったりしていても、小学校中学年ごろから授業について行けなくなる子どもが多いことがわかった。ルミさんは、特殊なケースではないようだ。

日本で生まれ育っても、なぜ読み解く能力が十分に身につかないのか。移民政策や異文化教育を専門とする明治大学の佐藤郡衛《ぐんえい》特任教授は、次のように指摘する。

「幼い時に日本に来た外国の子どもたちは、家庭で学習のサポートを全く受けられないケースも少なくありませんが、それでも日常的な会話は自然に身についていきます。また、日常のコミュニケーションは身ぶり手ぶりやあいまいな言葉でも成立します。要は、日常会話とは極めて単文的で情報量が少ないんです。一方で、学校での学習となると、必要となる単語の数が非常に多くなります。ただ、外国人の子どもたちは、学校以外では学習に必要となる単語の数や概念がなかなか身につきません。だから、学年が上がるごとに文章が複雑になっていくと、文字は読むことができても、意味を理解することができなくなってしまうんです」

こうした、学習に必要となる単語や概念は「学習言語」と呼ばれる。文部科学省が外国人の子どもたちの学習支援のためにまとめた資料の中では、日常会話は1〜2年で身につくとされている一方で、授業についていけるようになるための「学習言語」を習得するためには、「読み」「書き」などの日本語の勉強が5年以上必要だと説明している。

例えば日本人が英語を勉強する場合でも、日常会話程度の英語のやり取りであれば、それほどたくさんの単語を必要としない。しかし、英語の文章を読んで内容を理解したり、英語を使って専門的な説明をしたりするとなれば、必要な単語の数が急激に増えるとともに、覚えなければいけない文法や概念も増える。これと同様だと考えれば、学習言語の習得がどれだけ大変か理解できるかもしれない。

夕食時にルミさんの家にお邪魔させてもらうと、母親とのやり取りはポルトガル語と日本語で行われていた。

母親（ポルトガル語）「お腹いっぱい？」
ルミさん（日本語）「少しかな」
母親「たくさん食べないといけないよ」

ルミさん「なんで」
母親「成長するため」
ルミさん「嫌だ」

家にテレビや新聞はなく、日本語で書かれた本も見当たらなかった。母親との会話で使われる日本語も、母親が理解できるようにとごくごく簡単な語句ばかりだ。

「難しい話はしません。お母さんに聞いても何かかわいそうだなって思ったりするから聞かないです」とルミさんは話す。「学習言語」が身につかないことが何を意味するのか、その一端が理解できたような気がした。

外国人の子どもたちをめぐる日本語教育はこれまで、全国的なカリキュラムがあるわけでもなく、ほとんどの学校では初歩的な指導しか行われてこなかった。越前市の学習支援教室のようなボランティアや、NPO、それに自治体の現場任せになってしまっているのだ。

こうした現状を踏まえ、2019年の通常国会で「日本語教育推進法」が成立した。法律では、日本語教育を推進するための施策の実施は「国と地方公共団体の責務」と明記されている。

先述の佐藤特任教授は、この法律について一定程度評価するとしつつも、学習言語のサポートを行うための施策も欠かせないと指摘する。

「これまでは『学習言語』も含めた、外国人の子どもたちへの日本語指導について、体系だった議論はほとんどされてきませんでした。日本語指導は、地域のボランティアが大きな力となっていると同時に、依存してきたと言えます。法律ができることによってそれをどう一歩進めていくのか。日本語指導の専門人材を育成する必要がありますが、財政的な裏付けをどうするのか。こうしたことをきちんと議論していく必要があると思います」

越前市の学習支援教室で教えるボランティアの先生たちが、口をそろえて次のように話していた。

「国籍に関係なく、どんな子どもでも夢を持ち、実現していける社会であって欲しい」

2　いじめとルーツ

「ガイジン」ってなんなの？

「ガイジンなのに日本人の名前かよ」

その客は、コンビニで働く彼女の胸にある「藤原」と書かれた名札を見て言った。その瞬間、彼女は心がぎゅっと硬くなり、なんとも言えない感覚に襲われた。

「ガイジン」。幼いころから繰り返し、繰り返しぶつけられてきた言葉。「私はいつになったら〝ガイジン〟じゃなくなるんだろう」

そう話してくれたのはパキスタン人の父親とペルー人の母親の間に生まれ、神奈川県に住む星玖《しえいく》藤原愛紗《あいしや》さん（19歳）。日本生まれ日本育ちだ。

「ガイジン」。この言葉を最初にぶつけられたのは小学1年生の時。当初はなんのことか意味がわからなかった。「たぶん、悪意はなく冗談だったんだと思う。でも、その光景は今も忘れることはできない」

戸惑う愛紗さんに、何度も何度も、笑いながらその言葉をぶつけてくる友人たち。それは、その日から毎日の光景となった。「ガイジンがなんで日本にいるんだ、帰れよ」と言われることもあった。

愛紗さんへの暴言は学年が進むにつれエスカレートしていき、小学3年生になると、暴力をふるわれることもあった。通学路が同じ3人の男子たちに毎日のように追いかけ回されて、突き倒されたことも、ズボンが破けて血だらけになったこともあった。お気に入りだったハート柄の傘も壊された。

「ガイジン、帰れ」と言う彼らの顔は、いつも笑っているような表情だった。

「どうして私だけがこんな目に。いったい、私が何か悪いことをしたというのか」

いくら考えてもわからなかった。見た目が彼らと少し違うこと以外には。

愛紗さんもこのころになると「いじめられている」という自覚は生まれていた。しかし、先生には相談できなかった。

『ガイジン』とからかわれているところも、追いかけ回されているところも、先生は気づいてくれている。いつか先生の方から手をさしのべてくれる」と思っていた。ただ、先生から声をかけてもらうことはなかった。勝手に期待して、あきらめていたのかもしれない。

親には心配をかけたくなかったから黙っていた。意を決して「学校に行きたくない」と訴えたこともあったそうだが、怒られたので我慢して通い続けた。

そのころの愛紗さんにも仲よくしてくれる友だちはいた。だが、彼女も無邪気に「愛紗は、なんか違うよね」と言った。こんな何気ないひと言にさえ、身を固くし、心が縮こまってしまった。

「みんなと同じ」でありたいと強く願うようになればなるほど、「違う」という言葉に過敏になっていった。自分が他の人と「違う」のではないかと思うようになった。なんだか存在を否定されているような、逃げ場も居場所もないような不安と、どうしようもない孤独感に襲われるようになった。誰とも話したくなくなった。

そんな愛紗さんが救われたと感じた瞬間があった。高校1年生の時、外国にルーツを持つ子どもたちの支援をしている団体が定期的に開いている交流会に参加したのだ。その場で愛紗さんは、他の参加者を前に自らのいじめられた経験を話した。すると、周りの子どもたちのほとんどがいじめられた経験があると口を開いたのだ。

「私ひとりじゃないんだ。でもそれって……」

愛紗さんは、いじめの経験を共有し、理解してもらえて、とても気持ちが楽になった一方で、いじめられた経験を持つ子どもたちが予想以上に多いことにショックを受けた。

「いじめていい」存在

外国人だからいじめられるのか。その理由について、愛紗さんが参加した交流会を運営する1人、舟知敦《ふなちあつし》さんに話を聞いた。舟知さんは定時制高校の教諭を務めながら、休日は高校進学を目指すなどする、外国にルーツを持つ子どもたちに、ボランティアとして日本語や教科の指導を行っている。

「いじめる側からすると、外国人は見た目や文化の違う『よそ者』だから、『いじめていい存在』なんです。加えて『外国人』を理由にいじめれば、日本人は、いじめられる側に絶対にならない『安全圏』にいられるという心理的な安心感もあります」と舟知さんは語る。

交流会ではほとんどの子どもたちが、いじめの体験を語るという。そもそも日本人の間ですら、いじめがあっても、大人は気付きにくかったり判断が難しかったりする。外国にルーツを持つ子どもたちやその家族の場合はなおさら難しいそうだ。

「兄弟や姉妹もいじめられる、親に迷惑をかけたくないなどの理由で、我慢してしまう子どもたちが多いです。いじめの認定をめぐって裁判を起こそうにも、日本語を十分理解できず、ためらう親もいます。外国人という理由でいじめられるケースは多い。彼らがいじめられる原因ははっきりしていますが、それを防ぐためのマニュアルなどはなく、対応は各学校、あるいは各教員任せになっています」

舟知さんの指摘は重い。

いじめを防止するための国の基本方針の中でも、留意が必要な子どもたちの例として、外国にルーツがある児童や生徒があげられている。

いじめのターゲットにされやすい外国人。そうした子どもたちはどれくらいいるのか。日本の学校で起きているいじめの現状を把握するための調査に、文部科学省が行っている「問題行動調査」がある。ただ、外国にルーツを持つことが理由でいじめられたとわかる調査項目はない。文部科学省の担当者も「いじめられた児童や生徒のうち、何人が外国人かを特定する調査はやっていない」と話す。外国にルーツがあることを理由にいじめを受けるという実態はあっても、現状を把握することはできなかった。

愛紗さんを取材している途中で、私たち取材班のある考えが間違っていたことに気付かされた。彼女が日本人として認められたいのではないかと思い、こう質問したのだ。

「愛紗さんのアイデンティティは『日本人』ですか?」

「私はパキスタン人でもあるし、ペルー人でもある。そして、生まれ育った日本人というアイデンティティもある。どれか1つを選ぶことなんてできません。でも日本には『日本人』と『ガイジン』の2つの枠しかない。私には3つのアイデンティティがあることを認めて欲しいんです」

「日本に戻らなければよかった」

「天然パーマ」「毛が濃いんだよ」

彼女がその容姿に対して毎日浴びせられた言葉。黒板に書かれた彼女の似顔絵に投げつけられたスリッパ。その少女は、過去に体験した記憶から逃れることができず、心の傷が癒《い》えることはなかった。「いつまでたっても、普通の女の子には戻れない」。そう訴えた彼女はどこにでもいるような女の子で、あえて少し違うところがあるとすれば、それは彼女のルーツだった。

高橋美桜子《みおこ》さんはカナダ人の父親と日本人の母親の間に１９８９年、カナダで生まれた。その後、両親は離婚。美桜子さんは４歳半から、母親の典子さんとともに日本で暮らした。だが、母の典子さんは日本に帰国したことを今も悔やんでいる。

「カナダでは一人一人に自分の考えがあることを幼い時から教えていました。自分の考えがあるということは、相手にも違う考えがある。みんな違って当たり前という発想が自然と身についたんだと思います。だから、カナダに残っていれば……。今でもそう思っています」

日本への帰国を決めた時、典子さんは、ある不安を感じた。娘は「ハーフ」だから、いじめられるかもしれない。だから美桜子さんには伝えておいた。

「みおちゃんは日本で『ハーフ』と呼ばれる。でも、みおちゃんはみおちゃんらしく胸を張っていこうね」

確かに日本の小学校で、美桜子さんは同級生から「ガイジン」「カナダに帰れ」という心ない言葉を投げかけられた。それでも美桜子さんは、小学校の時に書いた作文で、こうした言葉に対し「何にも悪いことしてないのにと悲しくなるし、同じ人間なのに、なぜ差別するの」とつづり、むしろ彼女にとってそのルーツは誇るべきものだった。

美桜子さんは、泣いている友だちがいれば隣で優しく元気づけてあげる正義感の強い、自分の意見をしっかりと言える子どもに成長した。

しかし、美桜子さんは、愛知県の私立中学校に進学するといじめを受けるようになった。はっきりした理由はわからない。

同級生がいじめられているのを見て「やめなよ」と言って止めたこと。担任が男女差別的な発言をしたことに対して「そういうことを言うのは間違ってる」と意見したこと。外国にもルーツがあるから見た目が目立つこと。そういうことが積み重なって、美桜子さんへのいじめは突然始まった。

いじめは、所属していたバトン部で夏ごろから始まり、部活を辞める他なかった。

2学期に入ると、教室でもいじめが行われるようになった。仲間はずれにシカト。「天然パーマ」「毛が濃いんだよ」と執ように吐き捨てられる、容姿に関する言葉。教科書やノートに殴り書きされた「ウザい」「キモイ」「死ね」といった文字。自分の椅子に座って下を見ると机の下にゴミが集められ、教室に戻ると机が教室の外に出されていた。黒板に美桜子さんの似顔絵を描いて、スリッパを投げつけている同級生もいた。美桜子さんは体調不良を訴え学校に行くのを嫌がり、下校のたびに泣いて帰ってくるようになった。

中学1年の3月。げた箱に行くと、目に飛び込んできたのは、自分の靴の中にびっしり貼りつけられた画びょう。美桜子さんは、画びょうが入ったままの靴を持って担任にいじめを訴えた。担任は画びょうを受け取っただけで、こう言ったそうだ。

「俺のクラスにいじめなんかするやつはおらん。お前の思い過ごしだ」

それから10日ほど経った修了式の日。登校すると、同級生の1人が「汗が臭いから空気の入れ換えをしよ」と言うなり、教室の窓を開けた。

「もう無理。この中学校だけは絶対に嫌だ」

帰宅途中の美桜子さんは、典子さんに電話で伝えた。もう限界だった。

「自分との戦い」

中学2年、美桜子さんはいじめから逃れるため、別の中学に転校。その学校でいじめはなかった。

　しかし、美桜子さんに異変が起きた。

「またいじめにあうかもしれないと思うと、怖くて教室にいられない」

　受診していた医師の診断は、いじめられたことによるＰＴＳＤ。美桜子さんはいじめの体験、記憶から逃れることができなかったのだ。

　中学２年の２月深夜。美桜子さんは突然起きだし、典子さんに言った。

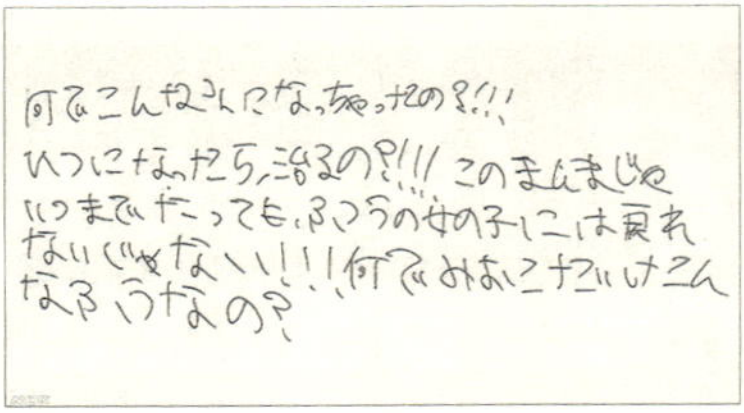

美桜子さんのメモ

「私は美桜子じゃありません。私は美桜子さんに、美桜子さんのことを教える人です」

　美桜子さんの中の「誰か」が話し続けた。

　美桜子さんがいくつかの人格にわかれていること、美桜子さんが自分自身のことを嫌いになったことがわかった。その後も「ランちゃん」「あやちゃん」と名乗る別の人格が表れては、典子さんに美桜子さんの心の内を明かしていった。

　そして、中学１年の時にいじめられた話になると、決まってしゃくり上げるように泣いてしまうのだった。どうしても逃れられない、いじめの記憶。「普通の女の子」に戻りたい。そんな当たり前のことすらかなわない現実があった。

美桜子さんが書き残したメモにはこうつづられている。

「何でこんなコトになっちゃったの？！！！　いつになったら、治るの？！！！　このまんまじゃいつまでたっても、ふつうの女の子には戻れないじゃない」

美桜子さんからはつらさが失われ、幼なじみもその変化に驚くほどだった。容姿も含め自分に自信を持っていた彼女。なのに、自分の顔を「かわいくない、ブスだよ」と言うようになり、自信を完全に失っていた。自らのルーツは、もう彼女にとって誇りでもなんでもなくなっていた。

過呼吸を起こしたりカッターナイフを取り出してリストカットをしようとしたりと不安定な状態が続いた。ただ、一時期フリースクールに通いながら治療を進めていた美桜子さんは高校にも進学できた。

そうした中、美桜子さんは高校１年の１学期、スピーチコンテストのために、いじめの経

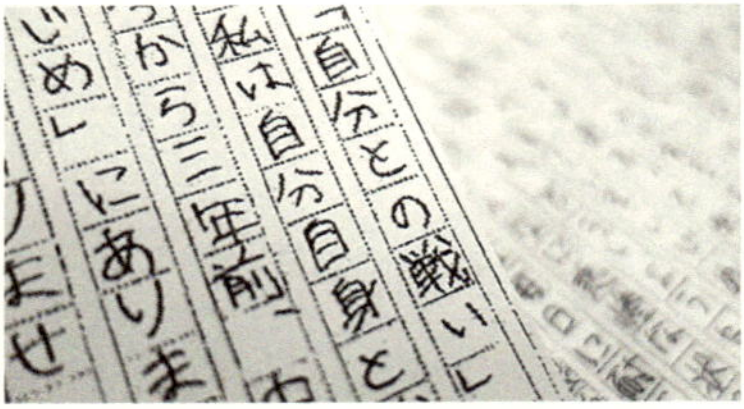

美桜子さんの作文「自分との戦い」

験をテーマに作文を書いている。

「自分との戦い」とタイトルをつけられた原稿はこう始まる。

「今、私は自分自身と戦っています。その理由は今から3年前、中学1年生の時に受けた『いじめ』にあります」

そして、美桜子さんが前を向いて歩み出していると感じられる言葉もあった。

「今まで自分のいじめについて言葉に書き表したことはありません。でも、勇気を出して今、ここに書き表そうと思います」

美桜子さんはいじめの経験について、いじめた同級生のストレスの「ゴミ箱」にされたと表現し、何も考えられなくなり、心が麻痺し、自分の生きている意味を見失い、他人からみればたとえ短い期間であったとしても、いじめを受けている本人にはすごく長く感じた1年間だったと振り返っている。

そのうえで、高校生活ではいじめの経験を理解してくれようとする大切な友だちも見つかり、そうした友だちと本気で笑い合える日が来ることを楽しみにできるようになったことを明かし、その心境をこう表現している。


「私の長い長いトンネルは小さい小さい光の出口が見つかったのかもしれません」


しかし、高校2年の8月。母親が持病で検査入院をしていた日、一人きりになった美桜子さんは、知人にメールを送った。

「みんなが死ねって言ってる。苦しいから薬を飲んだ」

異変を感じた知人は、すぐに美桜子さんの友人に彼女の自宅へ急いで向かうよう連絡した。友人たちは美桜子さんに電話をかけ、美桜子さんは電話に出た。

しかし、すでに意識がもうろうとした様子で、途中から美桜子さんの声は途切れた。

8月18日未明。美桜子さんは自宅マンションの8階から身を投げて、16歳の短い人生を自ら閉じた。家のテーブルには、赤いペンで書かれた遺書が残されていた。

「まま大好きだよ。みんな大好きだよ。愛してる。でもね、もうつかれたの。みおこの最後のわがままきいてね。こんなやつと友ダチでいてくれてありがとう。本当にみんな愛してるよ。でも、くるしいよ。」

美桜子さんの死後、典子さんは娘がなぜ死ななければならなかったのかを考えてきた。

その理由を知りたくて学校側を相手に裁判を起こした。一審では、いじめが自殺の原因だと認められた。しかし、二審では高校での友人とのあつれきなどによるストレスが自殺の原因だとして、いじめとの関係は認められなかった。

典子さんは「私の中では、美桜子のことはまだ終わってないんです」と話し、今でも美桜子さんの短い人生について考え続けている。

そして、美桜子さんがいじめられた原因のひとつに、彼女のルーツが関係していたのではないかと思っている。

「美桜子はハーフで目立ち、はっきりものを言うらざいヤツ。だからいじめてもいいということになったと思っています。日本は、波風を立てない、何かあっても何もなかったようにやり過ごす、異なる意見は和を乱すから悪。そういうものに美桜子は苦しめられ続けた」

3　日本で育ち、日本で老いる

翻訳できない「ちりめんじゃこ」――東京都杉並区

「ナマステ！」「ニーハオ！」

東京・杉並区にある認可保育園。２０１８年４月に入ってからあいさつの種類が増えた。これまで日本人しかいなかった園に、ネパールや中国の親を持つ子どもたちが加わり、割合にして実に60パーセントを占めることになったためだ。

ただ、外国にルーツを持つ子どもの受け入れで、園は大きな課題を抱えることになった。

例えば、毎月配布する給食とおやつの献立表。食物《しょくもつ》アレルギー対策として、保護者は事前に献立をチェックし、食べたことがないものは家庭で試しに食べるよう奨励《しょうれい》されている。

だが、献立表は漢字だらけだ。日本語の会話はできても漢字は読めない保護者もいる。園長は区の担当者に英語への翻訳支援を頼んだが「園で対応してください」と言われ、英語を使える保護者にボランティアで依頼しているのが実情だ。

とはいえ、「南蛮うどん」「ちりめんじゃこ」「麩《ふ》」「土佐煮」「おかか」など、食材や料理についてきちんと理解していないと訳せない単語はいくつもある。

また、園では家庭とのコミュニケーションをとるのにも苦労がある。

あるネパール人の子どもの状況をやり取りするために使われる連絡帳では、保護者が記入する欄に空白が目立つ。家で過ごしている間の睡眠時間や食事の量はほとんど記載がなく、子どもの体調や様子を自由に書き込むスペースには何も書かれていない。

園長は連絡帳に毎日記入をして欲しいと何度も頼んだが、なかなか書いてもらえないという。言葉の壁や文化の違いもあって、連絡帳の書き方や意義がきちんと伝わっていないのではないかと察しつつも、困惑していた。

「連絡ノートに家庭での様子がほとんど書かれていないので、睡眠時間もうんちが出ているのかも、何もかもさっぱりわからない。一日の生活リズムは、どこか様子がおかしいときの手がかりになる。体調が悪い時は特に、家庭での状況がわからないと、とても不安になる」

と園長は語る。

さらに、保育時間を過ぎてもお迎えに来なかったり、緊急時に電話がつながらなかったりと、園のルールが伝わっていないと日々、痛感しているという。

日本語だけでコミュニケーションするには限界がある――。園は配布する用紙に英語を併記することにした。かかりつけ医を記入する用紙に、子どもの身長や体重を記録する用紙。園長が翻訳アプリを活用しながら、休日を返上して仕上げた。今後は、園の決まり事を記した入園のしおりもすべて独自に翻訳することにしている。

しかし当然、翻訳の負担は軽くない。

「ひと言で言うと、大変。意識して前向きな気持ちを保つようにしているが、本当に大変。区には入園の準備段階から手を貸してほしかった。大事なことが伝わらないまま保育園での生活が始まってしまった。区の担当者からは外国のお子さんがいる他の保育園も現場で対処しているから、あなたたちも自分たちで頑張って欲しいと言われたが、他の園でも同じ状況が起きているならなおさら、行政としてできる支援や対策を考えて欲しい」と園長は嘆く。

不安を感じているのは保護者も同じだ。

9年前に来日し都内の企業で働くネパール人の父親は、自身は日本語のコミュニケーションに問題ないものの、妻は込み入った会話をするのは難しいと、次のように話す。

「漢字が難しいので、園からの便りを読むのに苦労している。息子がまだ話せないので、親と園のコミュニケーションを大切にしたいが、日本語での意思疎通は難しくて課題がある。特に、主に送迎をする妻は自分ほどは日本語ができないので、不安は尽きない」

この問題に行政はどのように対応しているのだろうか。

杉並区に取材をすると、一部の区立保育園では区がふりがなをふった献立表を配布しているものの、それ以外の支援は行っていないという。どの保育園に日本以外のルーツを持つ子どもたちがいるのか、その数が何人に上るのかを、区としてそもそも把握していないそうだ。

さらに、全国的な状況を調べようにも何人がどの自治体の、どの保育園に通っているのか、厚生労働省も把握していない。

保育の現状に詳しい東洋大学の内田千春教授は、外国につながりのある子どもへのケアをこのまま保育園任せにしていては、いずれ限界に来てしまうと警鐘を鳴らす。

「まだ実態を把握できていない自治体は、できるところから実態を把握していく努力が必要だ。保育の現場はすでに多忙を極めて疲弊《ひへい》しており、外国につながる子どもたちの保育はさらに追い打ちをかけて現場を悩ませてしまう。保育に専念できる状況が作れなければ事故も起きかねない。保育者に対して、翻訳や通訳の支援、言葉や文化に違いのある家庭と向き合うノウハウを伝える研修などを充実させていくべきだ」

「外国人相談員」という取り組み――神奈川県横浜市

外国人の子どもの対応にいち早く取り組む事例も出てきている。

神奈川県横浜市にある、市立北上飯田保育園は、園児73人のうち58人、約80パーセントが外国人または両親のどちらかが外国人か外国出身の子どもだ。ベトナム、中国、カンボジアなど7カ国のルーツを持つ子どもたちが通っている。

20年ほど前、このエリアに多くのインドシナ難民が引っ越してきたころから外国人の子どもが増え始めた。今は、親の就労や留学に伴って来日した外国人の子どもや、日本生まれの外国につながりを持つ子どもが増えている。

保育園では9カ国語で「おはよう」と「さようなら」のあいさつをするが、それ以外は全員日本語で話す。0歳から5歳の子どもたちは年齢でクラスが分かれ、外国人のクラスはない。遊ぶのもお昼寝も一緒だ。

園には横浜市が派遣する「外国人相談員」がいて、日本語がわからない保護者と保育園側の間の通訳や保育園便りなどの翻訳を行う他、子どもが環境に溶け込めるまで一緒に過ごすなど橋渡し役を務める。「相談員」は保育園の依頼に応じて横浜市が派遣するもので、現在、ベトナム、中国、カンボジア、ラオス出身の4人がいる。

例えば、新たに入園する子どもの保護者面談は次のような具合で行われている。

園長「お子さんにアレルギーはありませんか?」
母親「ありません」
園長「食事の時はお茶は飲みますか?」
母親「お茶は子どもが飲むものではありません。ここではあげるんですか!?」
相談員「ベトナムのお茶と違って、麦茶といってカフェインが入っていないものをあげるので、大丈夫です」
祖母「他の子も飲んでいますか?」
相談員「ベトナムの子も飲んでいます」

祖母「他の子も飲めるのであれば、うちの子も飲めますね」

日本語が全くわからない祖母の顔は当初こわばっていたが、相談員がベトナム語で丁寧に説明すると、会話に加わってきた。園長が「心配なことがあれば、相談員に相談してくださいね」と声をかけると、この日初めて、安心したような笑顔を見せた。

園では15年ほど前まで、外国語を使える地域の人にボランティアで通訳を頼んでいたが、日本語のわからない保護者が急増。対応が難しくなり、2005年からは横浜市が予算を組んで相談員の費用を負担することになった。こうした先進的な取り組みは、東京都新宿区など外国人が多く暮らす他の地域でも徐々に取り入れられている。

保育士や相談員と話し合う外国人の家族

保育園では、給食にも特別な配慮をしている。イスラム教徒の子どもには、戒律で食べることが禁じられている豚肉などではなく、食材を別の物に代えて提供している。

園では毎月1回、保育園と保護者が面談してあらかじめ献立を確認しているという。以前は、イスラム教徒の子どもには野菜だけを用意し、主菜となるおかずは家から持ってくるようお願いしていた。しかし、保護者が忙しく、おかずを持ってこられない子どもが出てきて栄養が偏ったり、他の子とメニューが違うことで寂しい思いをしたりする問題が生じた。それ以来、保育園は予算をやりくりして代わりの食材を購入し、すべての子どもが給食を楽しめるように配慮している。

給食以外にも、文化や言葉の違いによって生じる課題がある。

例えば、子どもが病気になった時の対応だ。ある外国人の親は子どもが食べ物をもどしたりしていても、「熱が出ていないから」と保育園に連れてきたり、「かぜだから大丈夫」と言って持参した薬を見ると、子どもがインフルエンザにかかっていることが判明する場合もあった。

文化によって「大丈夫」と思う感覚が違ったり、日本語が読めず処方された薬の中身がわからなかったり、外国人が言葉のハンデを抱えながら異なる価値観を持って生活していることを理解する必要に迫られる。

横浜市では、保育園の国際化が進む中、異なる文化や言葉を理解する保育士を育成するための新しい取り組みも始まっている。

「かながわ国際交流財団」は奨学金制度を設け、外国につながりがある人が保育士になるための勉強をする間、授業料の半分を支給している。奨学金は返す必要がなく、これまでにブラジルやペルー、フィリピンなどの親を持つ9人が奨学金をもらっている。

その1人、ペルー国籍の小浜ビビアナさん（19歳）は、日系ペルー人の父とスペイン系の母のもと、日本で生まれ育った。自宅での会話はスペイン語だったため、4歳で保育園に入った時は日本語が全くわからず頭が混乱したという。言葉の他にもお正月などの日本文化を知らずにばかにされたり、見た目が日本人と違うからと差別を受け、嫌な思いをしたこともあった。

そんなビビアナさんの心の支えとなってきたのは、優しく声をかけてくれた保育園時代の保育士だった。いつしか自分も同じような境遇の子どもたちの力になりたいと、保育士を目指すようになったのだ。

ビビアナさんは「私なら外国とつながる園児と保護者の気持ちは、手に取るようにわかる。逆に日本の子どもたちには、外国の良さを伝えることができると思います」と話す。

老いる外国人

働く現場で外国人への〝依存〟が進む実態や、全国で外国人の子どもたちが急増する現状について取材を進めている中で、ふと新たな疑問が浮かんできた。

「外国人の働き手と子どもがともに増えているのなら、高齢者はどうなのか?」

そこで改めてデータを調べてみると、想像を超える実態が浮かび上がってきた。

全国に住む外国人のうち65歳以上の高齢者は２０１９年１月時点で約17万１０００人だ。これはすべての外国人住民のうち６パーセント余りにあたり、決して多くはないようにも感じる。

この統計データを、さらに細かく分析してみた。まず、５年前の２０１４年１月と比較すると、外国人の高齢者は全国で24パーセント増加している。

これを都道府県別にまとめてみると、外国人高齢者はすべての都道府県で増加している。そしてこのうち実に43の都道府県では15パーセント以上、さらに21の都・道・県では30パーセント以上と急増しているのだ。

全国の外国人高齢者数

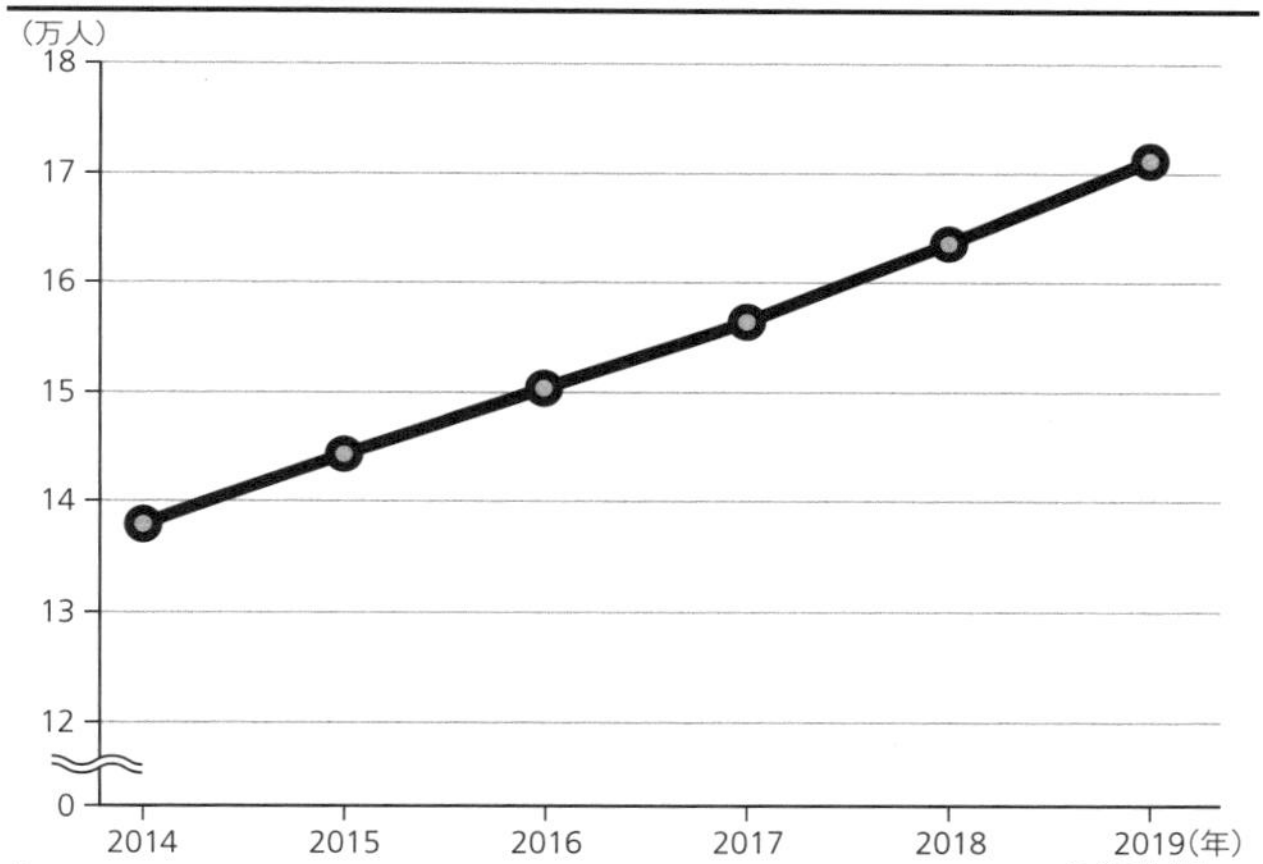

［総務省「住民基本台帳に基づく人口、人口動態及び世帯数」を基に作成］（概数値）

さらに市区町村別に見てみると、外国人の高齢者が増えた自治体は全国１７４１市区町村のうち、54パーセントにあたる９５６市区町村に上っている。

次に、高齢化が急速に進む日本人とも比較してみた。

まず、日本人の高齢者は３５０１万４０００人と全年代のうち28パーセントを占め、外国人とは比較にならないほど高齢化が進んでいる。

ただ、これを5年間の増加率にして日本人と外国人とで比較してみると、意外にも思える数値が出てくる。

まず、全国の増加率は、外国人が24パーセントと日本人の10パーセントよりも13ポ

都道府県別外国人高齢者増加率

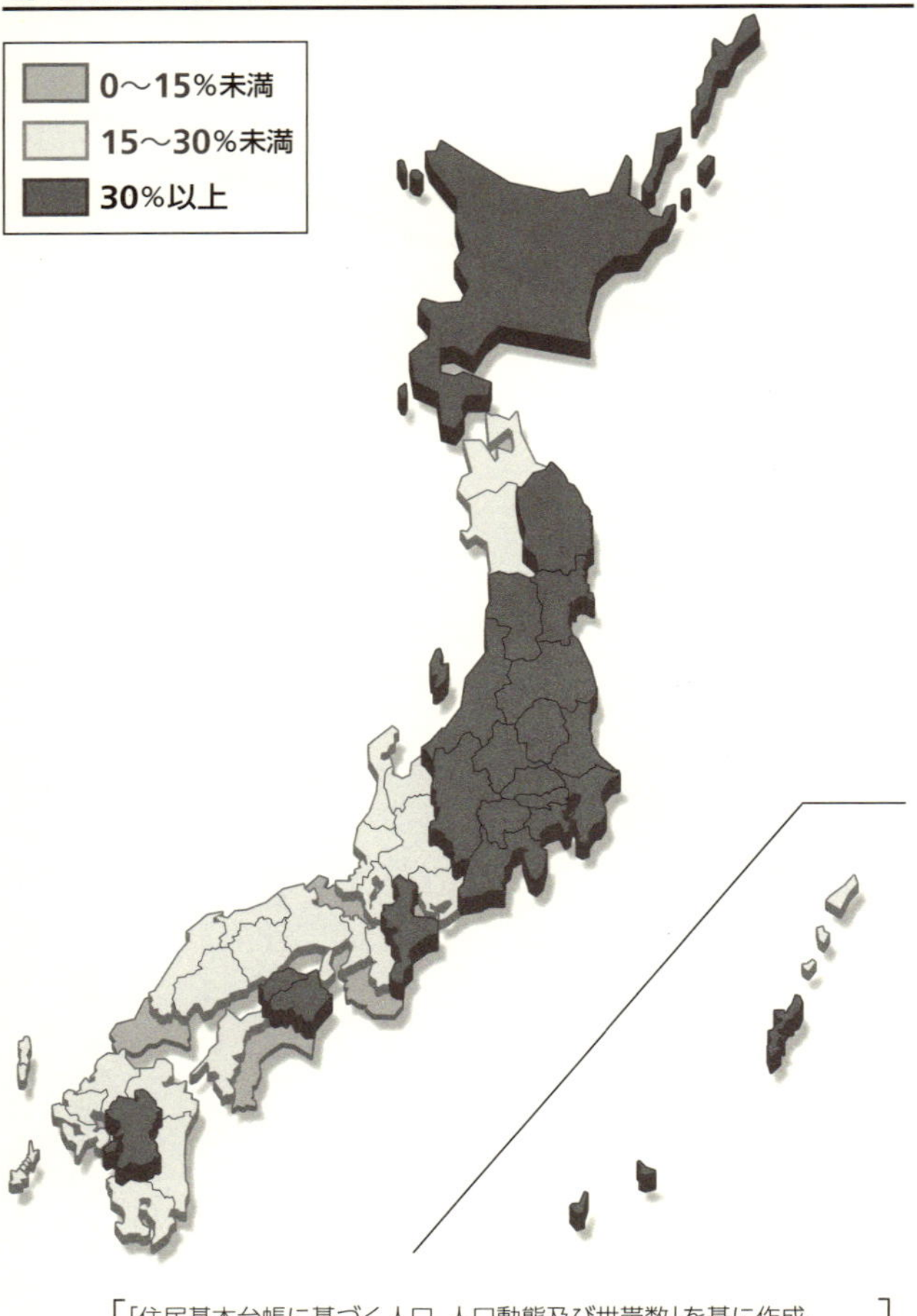

［「住民基本台帳に基づく人口、人口動態及び世帯数」を基に作成。
2014年と比較して0〜15%未満、15〜30%未満、30%以上に色分け］

イント余り高くなっている。しかも都道府県別に比較してみると、実は全都道府県で外国人の高齢者の方が増加率が高くなっているのだ。

もちろん、もともとの人数は日本人の方がかなり多いので単純に比較できるものではないが、外国人高齢者も着実に増えていることがわかる。

順位	自治体	増加率
51	豊田市（愛知県）	42.41%
52	浜松市（静岡県）	41.57%
53	鈴鹿市（三重県）	41.56%
54	安城市（愛知県）	41.46%
55	津市（三重県）	41.05%
56	厚木市（神奈川県）	40.91%
57	新宿区（東京都）	40.16%
58	柏市（千葉県）	39.58%
59	松山市（愛媛県）	39.51%
60	沖縄市（沖縄県）	39.26%
61	江東区（東京都）	37.99%
62	小牧市（愛知県）	37.25%
63	立川市（東京都）	36.82%
64	相模原市（神奈川県）	36.56%
65	越谷市（埼玉県）	35.98%
66	横須賀市（神奈川県）	35.56%
67	福井市（福井県）	35.23%
68	北区（東京都）	34.95%
69	熊本市（熊本県）	34.83%
70	八王子市（東京都）	34.63%
71	町田市（東京都）	33.45%
72	高槻市（大阪府）	33.25%
73	三鷹市（東京都）	32.90%
74	新潟市（新潟県）	32.34%
75	港区（東京都）	31.54%
76	四日市市（三重県）	31.27%
77	藤沢市（神奈川県）	30.97%
78	札幌市（北海道）	30.91%
79	品川区（東京都）	30.65%
80	福岡市（福岡県）	30.48%
81	横浜市（神奈川県）	30.43%
82	芦屋市（兵庫県）	30.26%
83	練馬区（東京都）	29.93%
84	仙台市（宮城県）	29.16%
85	大田区（東京都）	28.39%
86	松本市（長野県）	28.32%
87	川崎市（神奈川県）	27.78%
87	加古川市（兵庫県）	27.78%
89	足立区（東京都）	27.71%
90	葛飾区（東京都）	27.67%
91	福山市（広島県）	27.24%
92	豊橋市（愛知県）	27.08%
93	大和市（神奈川県）	26.24%
94	杉並区（東京都）	25.61%
95	台東区（東京都）	24.71%
96	枚方市（大阪府）	24.23%
97	調布市（東京都）	23.69%
98	奈良市（奈良県）	23.58%
99	金沢市（石川県）	22.97%
100	宇部市（山口県）	22.42%

0　100(%)

［総務省「住民基本台帳に基づく人口、人口動態及び世帯数」を基に作成。
2014年と2019年を比較した増加率。
2019年の高齢者住民が50人以下で増加数も50人以下の自治体は除く］

市区町村別外国人高齢者増加率　ランキングトップ100

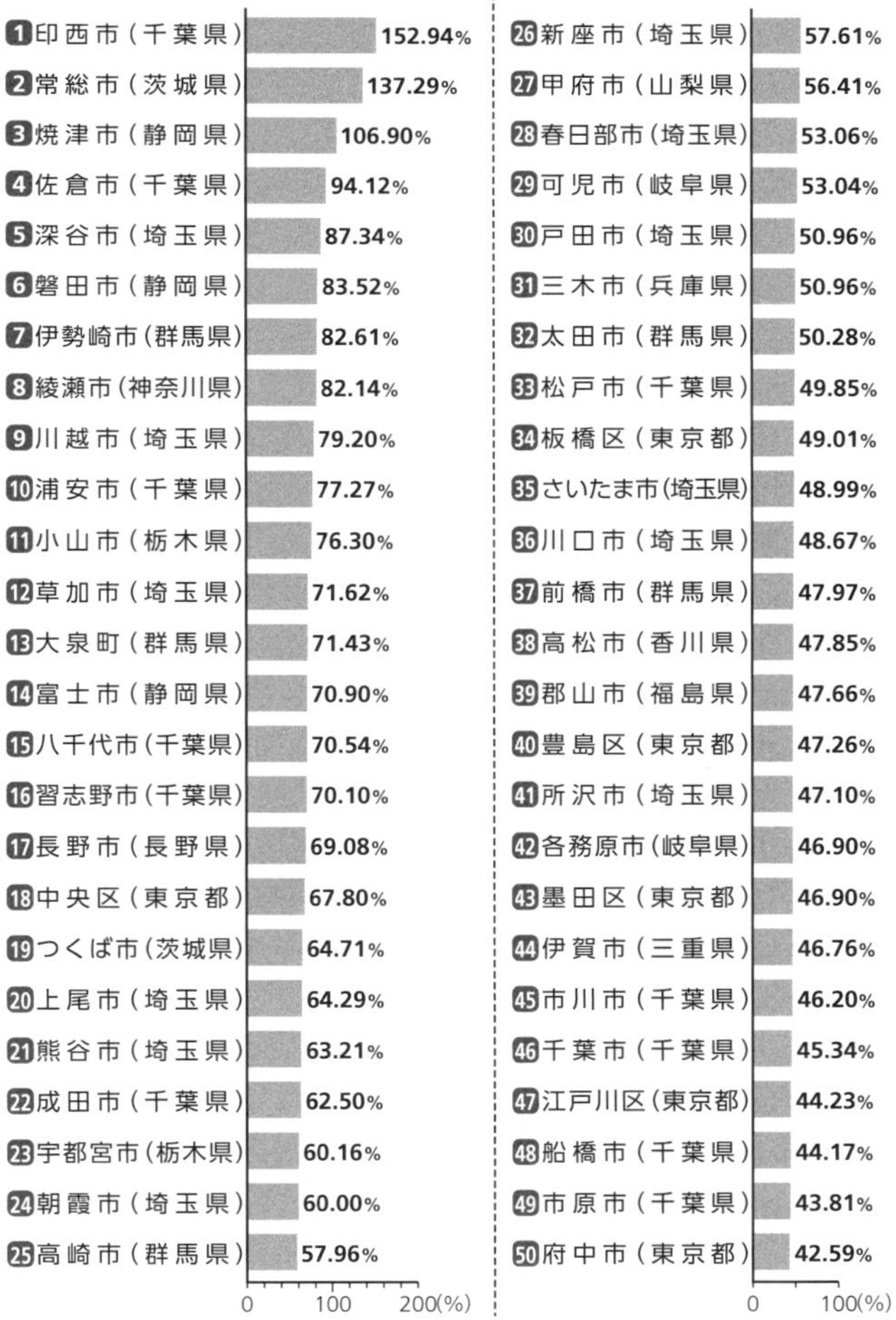

1 印西市（千葉県）	152.94%	
2 常総市（茨城県）	137.29%	
3 焼津市（静岡県）	106.90%	
4 佐倉市（千葉県）	94.12%	
5 深谷市（埼玉県）	87.34%	
6 磐田市（静岡県）	83.52%	
7 伊勢崎市（群馬県）	82.61%	
8 綾瀬市（神奈川県）	82.14%	
9 川越市（埼玉県）	79.20%	
10 浦安市（千葉県）	77.27%	
11 小山市（栃木県）	76.30%	
12 草加市（埼玉県）	71.62%	
13 大泉町（群馬県）	71.43%	
14 富士市（静岡県）	70.90%	
15 八千代市（千葉県）	70.54%	
16 習志野市（千葉県）	70.10%	
17 長野市（長野県）	69.08%	
18 中央区（東京都）	67.80%	
19 つくば市（茨城県）	64.71%	
20 上尾市（埼玉県）	64.29%	
21 熊谷市（埼玉県）	63.21%	
22 成田市（千葉県）	62.50%	
23 宇都宮市（栃木県）	60.16%	
24 朝霞市（埼玉県）	60.00%	
25 高崎市（群馬県）	57.96%	

26 新座市（埼玉県）	57.61%	
27 甲府市（山梨県）	56.41%	
28 春日部市（埼玉県）	53.06%	
29 可児市（岐阜県）	53.04%	
30 戸田市（埼玉県）	50.96%	
31 三木市（兵庫県）	50.96%	
32 太田市（群馬県）	50.28%	
33 松戸市（千葉県）	49.85%	
34 板橋区（東京都）	49.01%	
35 さいたま市（埼玉県）	48.99%	
36 川口市（埼玉県）	48.67%	
37 前橋市（群馬県）	47.97%	
38 高松市（香川県）	47.85%	
39 郡山市（福島県）	47.66%	
40 豊島区（東京都）	47.26%	
41 所沢市（埼玉県）	47.10%	
42 各務原市（岐阜県）	46.90%	
43 墨田区（東京都）	46.90%	
44 伊賀市（三重県）	46.76%	
45 市川市（千葉県）	46.20%	
46 千葉市（千葉県）	45.34%	
47 江戸川区（東京都）	44.23%	
48 船橋市（千葉県）	44.17%	
49 市原市（千葉県）	43.81%	
50 府中市（東京都）	42.59%	

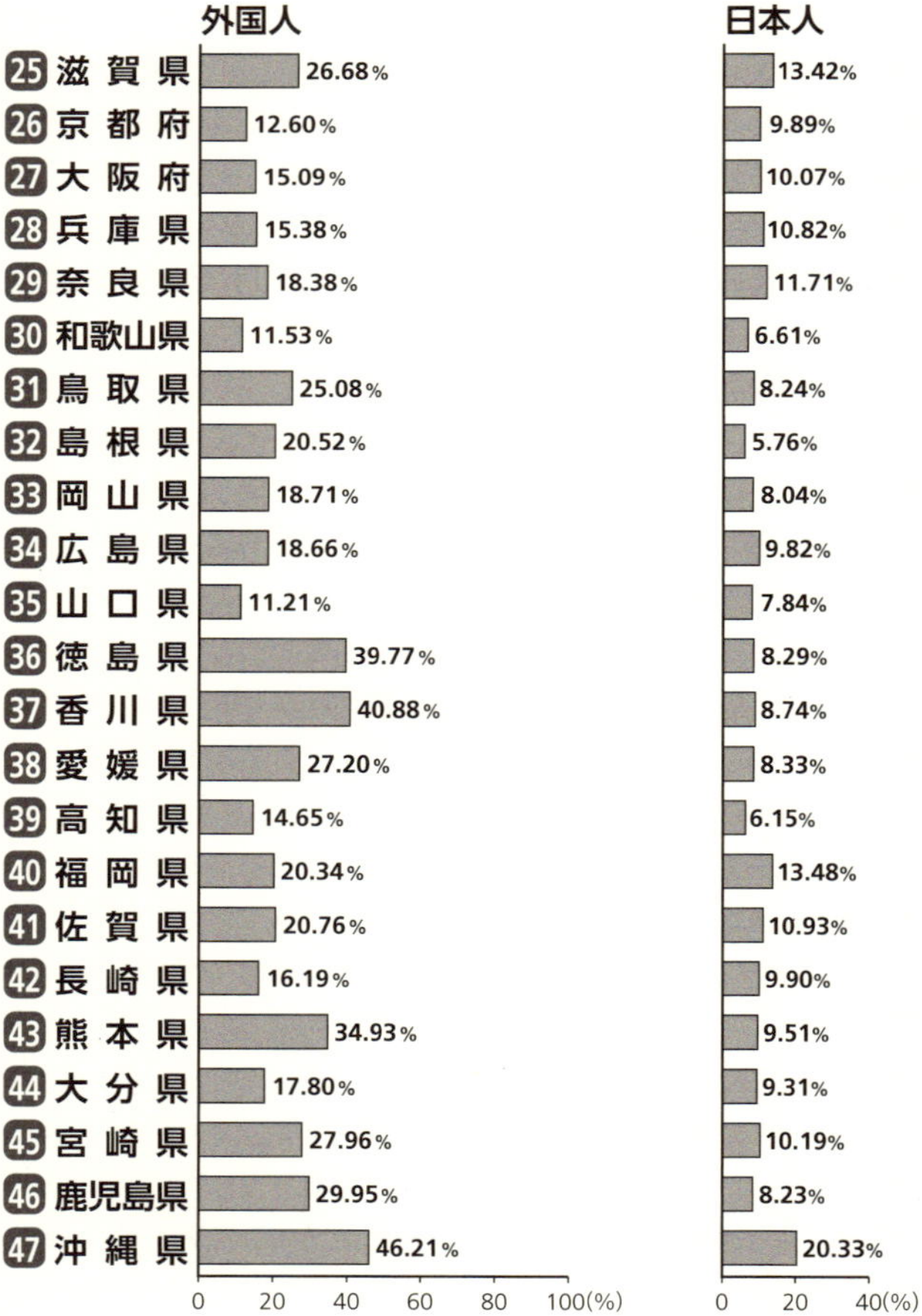
外国人
日本人
25 滋賀県 26.68% 13.42%
26 京都府 12.60% 9.89%
27 大阪府 15.09% 10.07%
28 兵庫県 15.38% 10.82%
29 奈良県 18.38% 11.71%
30 和歌山県 11.53% 6.61%
31 鳥取県 25.08% 8.24%
32 島根県 20.52% 5.76%
33 岡山県 18.71% 8.04%
34 広島県 18.66% 9.82%
35 山口県 11.21% 7.84%
36 徳島県 39.77% 8.29%
37 香川県 40.88% 8.74%
38 愛媛県 27.20% 8.33%
39 高知県 14.65% 6.15%
40 福岡県 20.34% 13.48%
41 佐賀県 20.76% 10.93%
42 長崎県 16.19% 9.90%
43 熊本県 34.93% 9.51%
44 大分県 17.80% 9.31%
45 宮崎県 27.96% 10.19%
46 鹿児島県 29.95% 8.23%
47 沖縄県 46.21% 20.33%
0 20 40 60 80 100(%)
0 20 40(%)

［総務省「住民基本台帳に基づく人口、人口動態及び世帯数」を基に作成］

都道府県別外国人高齢者増加率（日本人との比較）

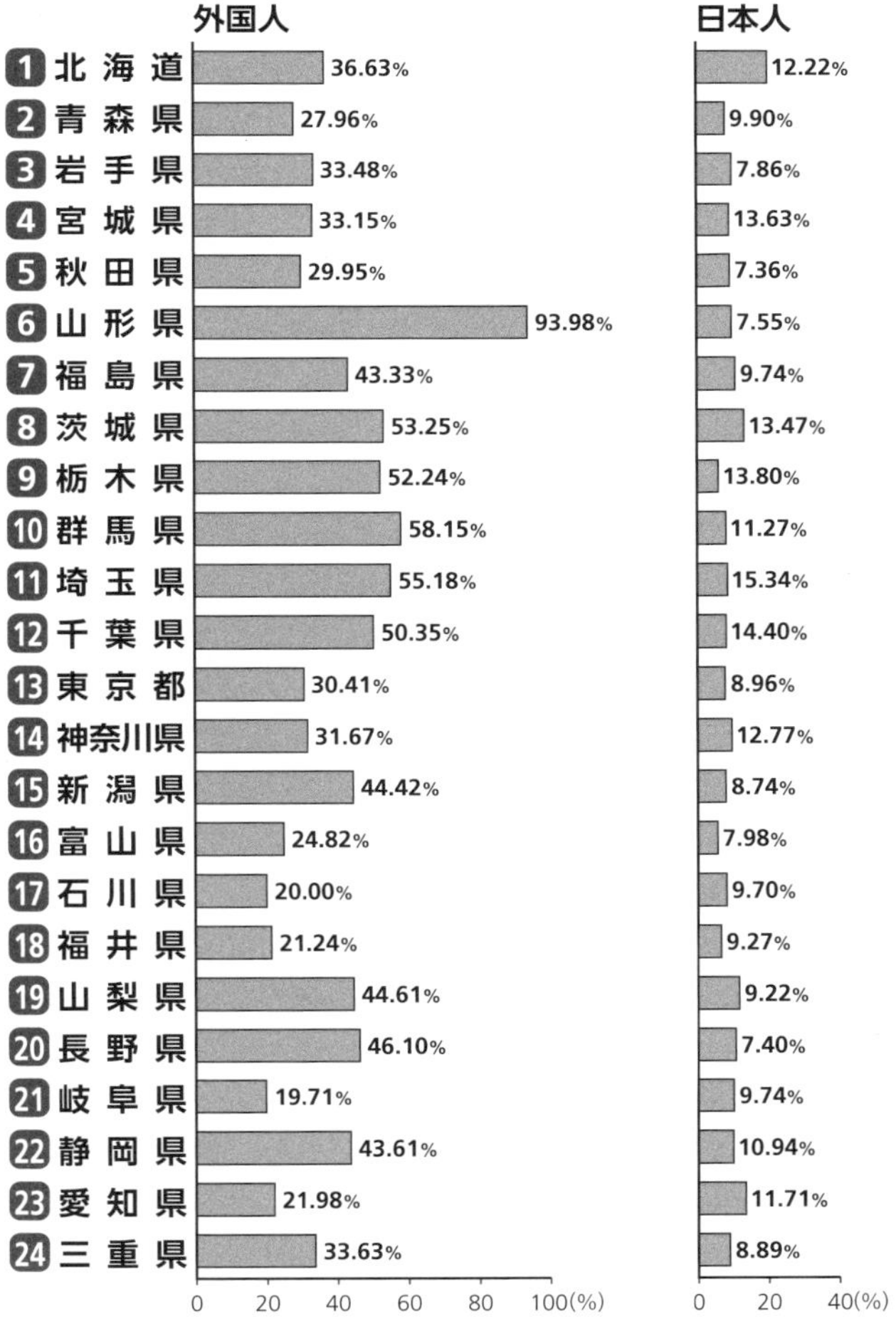
外国人
日本人
1 北海道 36.63% 12.22%
2 青森県 27.96% 9.90%
3 岩手県 33.48% 7.86%
4 宮城県 33.15% 13.63%
5 秋田県 29.95% 7.36%
6 山形県 93.98% 7.55%
7 福島県 43.33% 9.74%
8 茨城県 53.25% 13.47%
9 栃木県 52.24% 13.80%
10 群馬県 58.15% 11.27%
11 埼玉県 55.18% 15.34%
12 千葉県 50.35% 14.40%
13 東京都 30.41% 8.96%
14 神奈川県 31.67% 12.77%
15 新潟県 44.42% 8.74%
16 富山県 24.82% 7.98%
17 石川県 20.00% 9.70%
18 福井県 21.24% 9.27%
19 山梨県 44.61% 9.22%
20 長野県 46.10% 7.40%
21 岐阜県 19.71% 9.74%
22 静岡県 43.61% 10.94%
23 愛知県 21.98% 11.71%
24 三重県 33.63% 8.89%
0 20 40 60 80 100(%)
0 20 40(%)

“依存”の先にあるもの——愛知県豊田《とよた》市

ここで新たな疑問に行き着く。なぜ外国人高齢者が増加しているのだろうか。

取材を進める中で、実際に外国人高齢者が増加している場所があると聞いて現地に向かった。訪れたのは、愛知県豊田市にある団地、保見ヶ丘《ほみがおか》だ。

愛知県は5年間で65歳以上の外国人が約２４００人増えていて都道府県別では4位の増加数となっている。

保見ヶ丘で迎えてくれたのは、藤田パウロさん（74歳）。パウロさんは日系2世のブラジル人で、１９９０年に来日した。

「40過ぎで日本に来ましたが、自動車部品メーカーに雇用されて最初は2年契約のはずだった。それが何を勘違いしたか、もう29年目になった」とパウロさんは笑う。

保見ヶ丘の人口は約７２００人。そのうち実に55パーセントにあたる４０００人余りが外国人だ。団地を歩いているとすれ違う人の多くは日系外国人住民と思われる人たちで、看板にはポルトガル語の文字も多く見られる。

住民の多くは自動車部品メーカーで働く人たちやその家族。そのうち、１９８０年代から

1990年代初期のバブル期に人手不足の中で来日したパウロさんのような日系住民が、約30年たった今、高齢化しているのだ。

パウロさんは「当時は皆さん帰るつもりだったけどね。もうブラジルよりこっちの方が慣れちゃったし。知っている人の中には日本で亡くなった人もだいぶいるよ」と語る。

10年余り前に定年退職したパウロさんが今働くのは、高齢者向けの介護サービスや障害がある子どもへの支援サービスを提供する事業所「ケアセンターほみ」だ。

実はこの事業所では外国人高齢者への介護サービスも提供しており、外国人であっても3カ月より長く日本に住んでいれば、介護サービスを受ける資格がある。

実際に介護の現場に同行させてもらった。県営団地の一室で訪問介護を受けていたのは日系ブラジル人2世の四ケ所《しかしょ》エミリアさん（66歳）だ。

エミリアさんは21年前に来日。かつてはブラジルに帰ろうと考えたこともあるが、息子を育てるためにと、自動車部品のメーカーで働き続けてきた。今は息子も成人し自身の家族を持つが、離れて暮らしている。

エミリアさんはリウマチのため自らで歩くのもままならず、日中はほぼ寝たきりの状態が続いている。このため、要介護3の認定を受けており、週末以外はほぼ毎日、排せつケアや食事の準備、入浴支援などの介護サービスを受けている。

しかし、実はエミリアさんは日本語を十分に話すことができない。そのため、この事業所では日系外国人のヘルパーが必要に応じて通訳にあたっている。

取材をした日、通訳をしていたのは並里カテリーネさん。事業所にはカテリーネさんを含め、合わせて7人の外国人ヘルパーが所属している。もともとは、2008年のリーマンショックで仕事を失った日系人の労働者の雇用対策として、事業所を運営する「愛知県高齢者生活協同組合」が開いた介護ヘルパーの養成講座を修了した人たちだ。

「仕事を失い、生活に困った外国人の人たちの役に立ちたいと介護教室を始めました。それに伴って外国人住民から相談が寄せられるようになる中で、実は介護を必要とする外国人が多くいることを知ったのです」と協同組合の藤井克子専務理事は話す。失業者への支援として介護ヘルパーを養成したことが、結果として介護を受ける外国人高齢者への支援にもつながっているのだ。

ただ、エミリアさんのように日本語を十分に話せないお年寄りとの意思疎通は簡単ではない。ケアマネージャーとして介護プランを作成する藤井さんが、サービスへの希望などをエミリアさんから聞き取ろうとすると、病院に行った時に医師が誤った診断をしたのではないかと不信感を持った話や、おかゆ以外の食事もつくって欲しいという別の事業所のヘルパーへの要望を伝えられた。また、デイサービスの利用を勧めると、以前通った際に施設の職員と言葉の壁がありコミュニケーションが取れなかったので行く気になれないと話した。

エミリアさんは、通訳ができるカテリーネさんが一緒にいられない時には、様々な不自由さから悩みを抱えている。その一つ一つを聞いていると、この日、藤井さんの訪問は当初予定していた1時間を大幅に超えて、2時間余りに及んだ。

藤井さんは、外国人高齢者に介護サービスを提供する難しさを次のように話す。

「うちには日系外国人のヘルパーがいるので通訳してもらえますが、それでも言葉のやりとりで誤解を招くこともあります。それに介護保険制度は日本人でも理解が追いつかないほど複雑な面があり、サービスを受けるための手続きがよく理解できていない人や、そもそも介護保険を利用できることさえ知らない人も多くいるようです」

日本語での日常会話がままならないエミリアさん。1人ではなかなか外出できないため、ヘルパーと近所のスーパーへ買い物に行くのが何よりの楽しみだと話してくれたが、日常生活にはどれほど苦労が多いのだろうか。

一方で、介護サービスを受けるための収入をどう確保するかも課題である。日本に来た時は「出稼ぎ」の感覚で「いつかは帰国する」と考えていたため、年金に加入していなかった人もいるそうだ。65歳を過ぎてもメーカーの下請け業者やコンビニ向けの弁当工場で働き続ける人も多くいるという。

藤田パウロさんは「これからどうなるかね。まだ多くはないけど。仕事するしかないよね。年金ももらえないし」と話す。

日本を「終《つい》のすみか」に

今後も、こうした外国人高齢者は増えるのだろうか。全国に住む外国人の実態に詳しい、首都大学東京の丹野清人《たんのきよと》教授は次のように指摘する。

「外国人の高齢者で最も多いのは在日コリアンの人たちです。そこに、日系2世の人たちが長期滞在で入国・滞在できるようになった1990年の制度改正を受けて来日したブラジル人などが今、高齢化してきているのです。地域の産業構造によっては長期的に住む人が必ずしも多くないところもありますが、外国人の定住化が進んでいる自治体では10年以上住み続

国籍別外国人高齢者増加数 トップ20

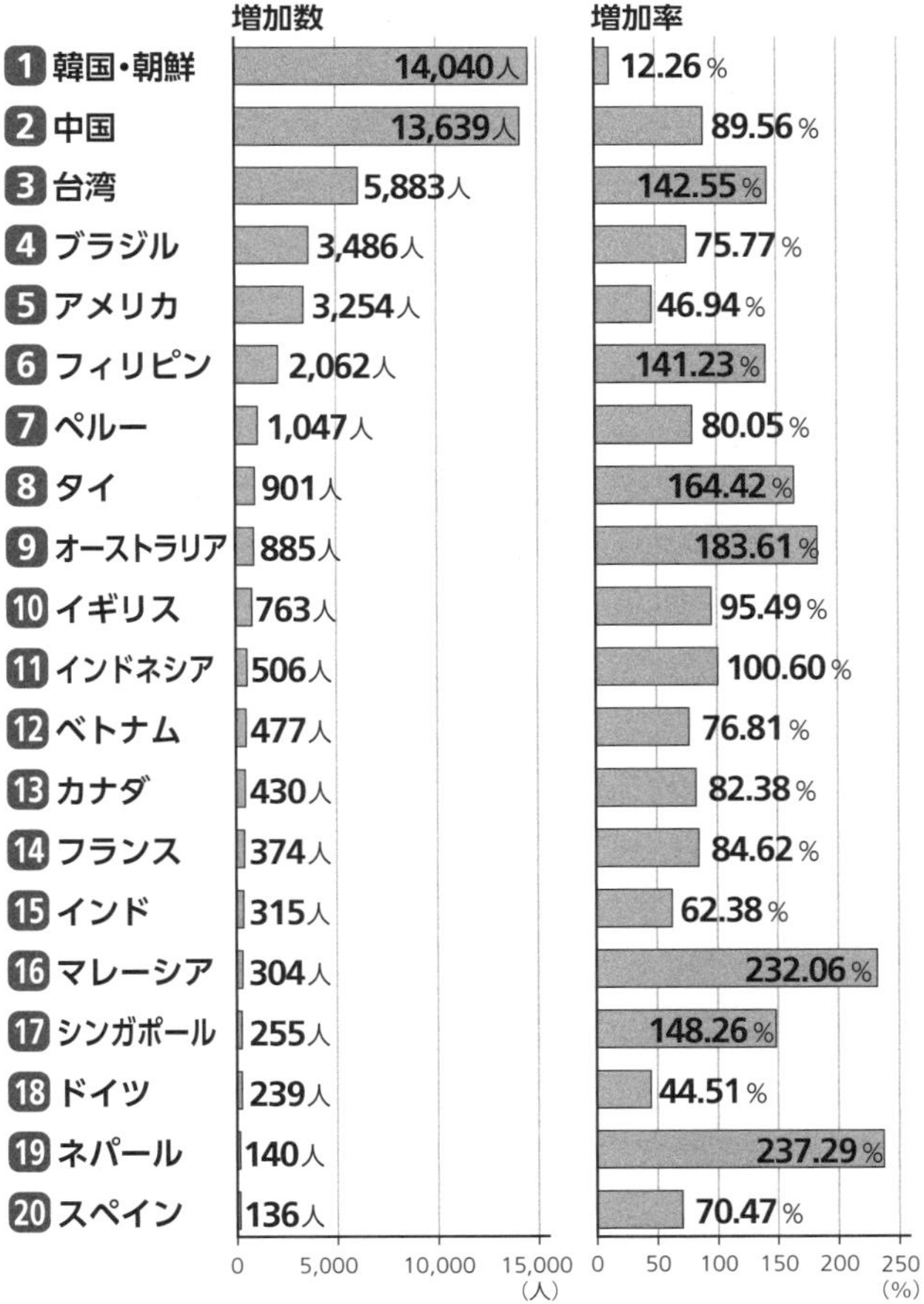

[法務省「在留外国人統計」を基に作成。
法務省の集計方法で2013年が「韓国・朝鮮」という区分のためそれに則って比較]

けている人が5割を超えるところもあります。それに、長期的に住んでいる人の在留資格では永住者の資格が圧倒的に多くなっています。日本に定住する外国人は増え続けているので、今後も日本で長期間働くうちに母国の基盤がなくなり日本を『終のすみか』にしたいと考える人は増えるでしょう」

国が毎年まとめている「在留外国人統計」によると、日本に住む65歳以上の外国人のうち、国籍別に最も多いのは「韓国・朝鮮」で12万8000人と全体の6割を占める。一方で、5年間の増加率で見ると、韓国・朝鮮は12パーセントなのに対して、台湾の142パーセントや中国の89パーセント、それにブラジルの75パーセントなどが目立つ。

「在日華僑の老後」というテーマで聞き取り調査に基づいて研究する明治大学の鍾家新教授は、次のように指摘する。

「戦後まもなく来日した人たちに加えて、自分も含めて1980年代以降に留学で来日しそのまま気づけば長期間住んでいる人たちの高齢化が始まっている。中国本土も経済成長が進み、帰国した方がコストがかかるので戻りづらくなっているという事情もあります」

「われわれは労働力を呼んだが……」

介護を受ける外国人高齢者を支えようという動きも始まっている。

それが「外国人高齢者と介護の橋渡しプロジェクト」だ。名古屋市を拠点としたこのプロジェクトでは「介護通訳」を養成し、介護施設に派遣している。

プロジェクトが始まったのは２０１５年。きっかけは代表の王榮（木下貴雄）さん自身の体験に基づく。

中国残留孤児で日本に帰国した父が高齢になり、介護に携わった際の経験だ。

「父が認知症とパーキンソン病を発症し介護サービスを受ける手続きをした際、中国人の母は読み書きができず、代わりに自分が通訳をしながら進めたのですが、専門用語も多く、日本語をうまく話せない高齢者だけではサービスを利用するのは無理だと感じました」

そこで王さんはＮＰＯ法人を設立し、介護に関する専門知識と語学力を持った「介護通訳」を養成し、ボランティアとして派遣する取り組みを始めたのだ。「介護通訳」といっても公的な資格があるわけでもなかったため、王さん自身が介護保険の制度や介護用語などを学びながら専門家の助言を受けて、一からカリキュラムを作成した。

派遣先は主に、介護サービスを利用する人の自宅や介護施設。訪問でのリハビリや入浴の際や、介護保険の申請の説明や介護認定の調査などで通訳を行う。

まずは中国語に絞って通訳を養成したため、利用者の多くは王さんの父親と同じような中国からの帰国者や、日本で生活する中で高齢化した中国人住民だった。

王さんは介護通訳の必要性を痛感するとともに、利用を広げる上での壁も感じている。

「介護通訳の対象言語を増やすため、ポルトガル語やスペイン語について調査を進めています。ただ、もともとこのプロジェクトは公益財団法人の助成を受けていたためボランティアで派遣できていたのですが、助成期間が終了したので有償化すると利用が減りました。通訳の費用は介護保険の対象にはならないので事業所にとっても利用者にとってもコストになってしまうのです」

外国人材の受け入れをめぐる議論でよく聞くようになった、20世紀のスイスの作家マックス・フリッシュが残した言葉がある。

「われわれは労働力を呼んだが来たのは人間だった」

今回の取材の中でエミリアさんが日本語で答えてくれた次のようなやりとりの際、この言葉が頭に浮かんだ。

それは、3人の孫について質問した時。パッと明るい表情が浮かんだ。

「お孫さんはかわいい？」

「5歳と、3歳と、赤ちゃん。カッワイイね」

国籍が違っても、幸せな老後を過ごしたいという思いは変わらない。日本で暮らし日本で働き、年齢を重ねる人たちをどう支えていくのか。これからさらにそうした人たちが増えていく前に、考え始める必要があるのではないだろうか。

第4章

「移民国家」の事例から考える外国人〝依存〟

ＯＥＣＤ第2位の増加数

外国人労働者の受け入れ拡大に舵を切った日本。一方で、冒頭で説明した通り、日本にはすでに毎年、多くの外国人が新規に入国している。それも訪日旅行客ではなく、滞在期間が90日よりも長い中長期的滞在の人たちだ。その数はＯＥＣＤの報告書で比べると、ＯＥＣＤに加盟する先進国の中で第４位の水準にあたる。

２０１６年に日本に新規入国した外国人（中長期滞在）は42万７６００人。これをＯＥＣＤの報告書を基に比較してみたのが、次の見開きにあるグラフだ。最も多いのはドイツで１７２万２０００人、ついでアメリカが１１８万３５００人と桁違いに多い。さらにイギリスの45万４０００人となっていて、そこに日本が続く形だ。

ちなみに5位以下は、韓国が40万２２００人、スペインが35万４５００人、カナダが29万６３００人、イタリアが26万２９００人、フランスが24万９００人などとなっている。「移民国家」としてのイメージが強い海外の国と比べても日本は多いのだ。

さらにこのＯＥＣＤのデータを詳しく分析すると、より興味深い姿が見えてくる。

５年間でどのくらい新規入国者数が増えたのか、２０１１年のデータと比較してみると、日本への年間新規入国者数は５年間で16万７０００人増えている。実はこれは、ドイツの87万８５００人に次ぎOECD加盟国の中で２番目に多い水準にあたる。

３位以下のアメリカの12万１５００人、韓国の９万５０００人、チリの８万４８００人、スウェーデンの６万７１００人、ポーランドの６万５７００人などと比較しても急速に入国者数が増えていることが見てとれる。

もちろん本書の最初に述べたように、何をもって「移民」と定義するかは国際的にも明確ではないので、これだけを見て「日本が移民国家になっている」とは言えないだろう。

ただこのデータから、国際的にも高い水準で外国人人口が拡大していることは事実であると言える。それはつまり、過去に多くの移民を受け入れてきた他国の社会構造に日本が少しずつ近づいていることを意味しているのではないだろうか。そう考えると、移民受け入れ国で起きた社会課題やそれを乗り越えようとしてきた政策が、今後の日本にとっての参考になる部分も多いだろうし、少なくとも全く無関係とは言えないだろう。

そこで、この章では日本にとって参考になりそうな各国の歴史や政策を概観し、今そうした国で何が起きているかをまとめたい。

年間新規入国者数

2016年 (単位:1000人)
1 ドイツ 1720.2人
2 アメリカ 1183.5人
3 イギリス 454.0人
4 日本 427.6人
5 韓国 402.2人
6 スペイン 354.5
7 カナダ 296.3 人
8 イタリア 262.9 人
9 フランス 240.9 人
10 オーストラリア 218.5 人
11 オランダ 182.2 人
12 オーストリア 158.7 人
13 スイス 143.1 人
14 スウェーデン 143.0 人
15 チリ 135.5人
16 ポーランド 107.0人
17 ベルギー 103.2人
18 ニュージーランド 95.6人
19 デンマーク 58.7人
20 ノルウェー 58.5人
21 アイルランド 53.9人
22 ポルトガル 46.9人
23 ギリシャ 44.0人
24 メキシコ 35.9人
25 チェコ 34.8人
26 フィンランド 27.3人
27 イスラエル 26.0人
28 ハンガリー 23.8人
29 ルクセンブルク 21.6人
30 スロベニア 20.0人
31 アイスランド 7.9人
32 エストニア 7.7人
33 リトアニア 6.0人
34 スロバキア 3.6人
35 ラトビア 3.4人
0 500 2000(人)
2011年～2016年の増加数 (単位:1000人)
1 ドイツ 878.5人
2 日本 160.7人
3 アメリカ 121.5人
4 韓国 95.0人
5 チリ 84.8人
6 スウェーデン 67.1人
7 ポーランド 65.7人
8 オランダ 63.7人
9 オーストリア 48.8人
10 カナダ 47.6人
11 ニュージーランド 34.6人
12 ギリシャ 27.0 人
13 デンマーク 24.1人
14 アイルランド 20.2人
15 スペイン 18.6人
16 チェコ 14.1人
17 メキシコ 13.9人
18 フランス 12.8人
19 オーストラリア 12.1人
20 イスラエル 9.1人
21 フィンランド 6.9人
22 エストニア 6.0人
23 アイスランド 5.1人
24 リトアニア 4.3人
25 ルクセンブルク 2.5人
26 スロベニア 2.0人
27 ポルトガル 1.5人
28 ハンガリー 1.3人
29 イギリス 1.0人
30 スイス 0.6人
31 ラトビア 0.5人
32 スロバキア -4.6人
33 ノルウェー -12.3人
34 ベルギー -14.7人
35 イタリア -91.4人
-100 0 100 200 900(人)

［OECD報告書を基に作成］

目指すは移民の〝統合〟——ドイツ

外国からの労働者を積極的に受け入れてきたドイツ。先述のOECDの統計でも、毎年最も多くの外国人が入国している。移民やその子孫の数は1930万人にのぼり、人口の2割を超える。

ドイツはEU加盟国なのでEU各国の出身者はドイツでも自由に働くことができる一方、EU域外の人の場合、単純労働者だと長期滞在や定住は厳しく制限される。

ただ、高度な知識や専門的な技能を有する人材についてはドイツ政府も近年、受け入れを加速させている。例えば科学者や医師、エンジニアなどには定住の道も開かれている。

ドイツが特筆すべきなのは自国の言葉や歴史などを学ぶプログラムを義務づけ、社会に適応できるよう力を入れていることだ。背景には過去の苦い経験がある。

外国人労働者受け入れの始まりは1950年代。戦後復興に伴う労働力不足が理由だった。最も多かったのはトルコ人で、ドイツ人が嫌がる道路建設や石炭採掘などの仕事を担った。「ガストアルバイター（客人の労働者）」と呼ばれた彼らは、あくまで短期間の滞在を前提とした〝出稼ぎ労働者〟という位置づけだった。

しかし、せっかく仕事に慣れた人材を決められた期間で辞めさせるのはコストがかかるとして、雇う側も難色を示すようになった。そこで、働く側も母国から家族をドイツに呼び寄せて定住を選ぶ動きが広がった。

それでもドイツの歴代政権は「ドイツは移民国家ではない」との認識を崩さず、それゆえに移民の受け入れに関する政策は後手に回った。結果、第2世代、第3世代になってもドイツ語が話せず社会になじめないトルコ系の住民が独自のコミュニティを形成し、状態は次第に問題視されていったのだった。


1990年の東西ドイツ統一も転機の1つとなった。

経済状況が悪化する中で外国人への暴力事件が頻発するようになり、社会全体として外国人の存在に目を向け、向き合っていく必要に迫られるようになっていた。

まず〝ドイツ人〟の定義が変わった。2000年、「血統主義」だった国籍法が改正され、国内で生まれた外国人の子どもに対してもドイツ国籍が付与される「出生地主義」が加わったのだ。さらに2005年には「移民法」が新たに成立。ドイツ語が苦手な外国人にはドイツ語を６００時間学習することが義務づけられ、ドイツの法律や歴史、民主主義の価値観なども学ぶことになった。

だが、それだけ試行錯誤を重ねたドイツも未だに統合がうまくいっているとは言い切れない。

２０１８年7月、サッカードイツ代表の司令塔だったメスト・エジル選手が突然、代表を引退したことはドイツ社会の課題をあぶりだした。「勝てばドイツ人だが、負ければ移民だ」というセリフとともに、エジル選手はトルコ系移民であることを理由に差別的な扱いを受けたと主張。これをきっかけに、移民のルーツを持つ人たちがＳＮＳ上で、差別を受けた経験を相次いで投稿したのだ。

また、移民や難民の排斥を掲げる勢力の存在感も増している。右派政党「ドイツのための選択肢」は２０１7年の連邦議会選挙で第3党に躍進し、翌年の秋にはドイツにある16すべての州で議席を獲得した。

深刻な人手不足に直面しているドイツは今、さらに間口を広げてＥＵ域外からの労働者を受け入れようとしている。しかし、それによって社会の不安や反発が強まれば、移民に反対する勢力がいっそう支持を広げることにもつながりかねない。
外国人労働者の受け入れ拡大には寛容だとされてきたドイツでも、政治的なリスクと背中合わせとなっている。

〝平等〟原則の影にちらつく歪み——フランス

２０１５年、フランスは相次いでテロに見舞われた。１月にはパリ中心部の新聞社「シャルリ・エブド」や食料品店が襲撃され、合わせて17人が犠牲となった他、同年11月にはパリ中心部のコンサートホールやレストランなどが襲われ、１３０人が犠牲になった。

一連の事件をきっかけに注目されたのが、フランスの移民社会だ。実行犯のルーツやアジトは、移民が多く暮らすパリ郊外の地域にあった。フランスが「フランス国民」として掲げる価値観と、イスラム系移民が向き合う現実。事件をきっかけに、その間に横たわる深く暗い溝がスポットライトにさらされた。

フランスではＥＵ域外出身の外国人が３カ月以上滞在する場合、入国時に「滞在許可証」の取得が義務づけられる。働くためにはさらに就労ビザの取得が必要だ。

一方、企業の社員の他、投資家や起業家などには「滞在許可証」を兼ねた特殊なビザを発給し、高度な知識のある専門性の高い人材には、積極的に門戸を開いている。

移民がフランスの人口に占める割合はフランス国立経済研究所（ＩＮＳＥＥ）の統計によると9パーセントほどだが、その数字以上に社会を構成する人々のルーツは多様だ。そのからくりはフランスの出生地主義にあり、フランスで生まれた移民の子どもには、国内に5年以上住むなどの条件をクリアすれば成人時にフランス国籍が自動的に付与されるのだ。

フランスの移民人口の内訳を見ると、全体の3分の1はポルトガルやイタリアなどヨーロッパ圏から来ているのに対し、半分近くの44パーセントほどはアフリカ圏の出身が占める。中でもアルジェリア（全体の13パーセント）やモロッコ（同12パーセント）など、かつてフランスの植民地だった北アフリカ諸国の出身者が多い。１９６２年までフランス領だったアルジェリアからは多くの労働者がフランスに渡り、フランスの戦後復興を支えた。また、毎年2万人ほどの難民を受け入れていて、シリアなどからの難民も多く含まれる。

フランスにおけるイスラム教徒の人口は５７０万人とも言われていて（アメリカの調査機関ピュー・リサーチ・センターの２０１６年の推計）、ＥＵ加盟国の間で最も多くなっている。

宗教の異なる移民をフランス社会に統合するための政策として、フランスが適用してきたのが「ライシテ（laïcité）」だ。１９０５年の「政教分離法」が元となっていて、いかなる宗教も優遇せず、公共の場に持ち込ませない代わりに、信仰の自由などの権利を平等に保障する原則のことである。フランスの移民の受け入れは、移民がこうした原則を受け入れ、フランス語の習得に励み、フランスの価値観を理解した「フランス国民」となることを前提としてきた。

しかし、イスラム教徒にとっては、この「ライシテ」の原則がなじまない部分も多かった。象徴的なのが公立学校でのスカーフの着用だ。十字架のペンダントが持ち込めないのと同様に、イスラム教徒の女性がかぶるスカーフの着用も禁止すべきだという論争がとりわけ２０００年代に拡大し、イスラム教徒との摩擦が表面化した。当時のサルコジ政権は２０１０年、テロ対策などの理由も掲げて着用に罰金刑を科す「ブルカ禁止法」を成立させている。

さらに、格差の問題も顕在化している。景気が悪化する中で移民の失業率は2割近くと、フランス人の約2倍となっているのだ。

２００５年、北アフリカ出身の移民の少年ら2人がパリ郊外で警察に追われ、変電所に逃げ込んで感電死する事故が起きると移民社会の不満は爆発した。フランス各地で暴動が起き、路上で車が焼かれ、フランス政府は「非常事態宣言」を発表。移民社会との断絶を印象づける結果となった。

フランス政府は「ライシテ」原則のもと、特定の集団を優遇するような政策に前向きではなかった。しかし、これまでの統合政策に「同化の押しつけだ」という批判も上がる中で、その対応に一部変化も見られる。

政府はイスラム系住民との橋渡しとしてフランス・イスラム教評議会（CFCM）を設立し、宗教指導者との話し合いの場を設けてきた。また、今年に入ってからは、移民の子どもなどのフランス語習得を支援するため、義務教育の開始年齢を6歳から3歳にまで引き下げることを決めている。

フランスの事例が示すのは〝統合〟の名の下に、既存の社会の価値観を移民に当てはめることの限界だ。国内のムスリム人口の割合はなおも増えることが推計されている中、フランスは理想と現実のはざまで、今なお模索を続けている。

〝寛容の国〟の「採用」戦略——カナダ

2017年、アメリカのトランプ大統領はシリアなどからの難民や移民の受け入れを制限した。この時ツイッターに「多様性は私たちの力だ」と、逆に受け入れを歓迎するメッセージを投稿したのが、カナダのトルドー首相だ。

1867年、ヨーロッパからの移民たちが建国し、今も寛容な移民政策で知られるカナダ。その政策からは、したたかな企業の採用担当者のような姿が見えてくる。

カナダはこれまでに1500万人の移民を受け入れ、今や国民の5人に1人を占める。公用語の英語とフランス語の他、200以上の言語を話す人がいるとされ、移民の受け入れを担当する大臣もソマリアからの移民である、まさに移民が前提となった社会だ。その根幹を支えているのが「移民は国を経済的に豊かにしてくれる」という考え方である。

カナダが受け入れる移民は3通りいる。結婚などに伴う「ファミリー移民」、自国を逃れてきた「難民移民」、そして仕事を目的とした「経済移民」だ。

このうちカナダが注目しているのが「経済移民」。日本の場合、「外国人材の受け入れ」は労働力が不足する分野での一時的な受け入れにとどまっているが、カナダは対照的に、母国と比べてよりよい経済活動を求める移民を受け入れ、積極的に定住を促している。

受け入れは計画的で、政府は州からの要望も参考に、毎年受け入れの上限、つまり目標を議会に示すことになっている。社会保障などへの影響が出ないようにするためだ。

受け入れたい「移民」像も明確だ。どのような「経済移民」を求めるか、職歴や学歴、言語レベルなどの受け入れ条件を示し、ホームページに掲載する。まるで企業の採用計画のようだ。

受け入れにあたっての審査にはポイント制がとられている。移民を希望する人の年齢や学歴、職歴や言語レベルなどが点数化され、ポイントが高い人ほど評価される、透明性の高い仕組みだ。

カナダの「欲しい人材を能動的に確保する」姿勢は、個別の政策にも反映されている。例えば留学生だ。カナダは人気の留学先としても知られ、２０１８年末に学生ビザを保有していた人数は57万２０００人に上る。

留学生はこれまで、カナダの大学などを卒業してもすぐ就職することができなかった。移民になるには就労経験が必要なため、申請するためには一度国外に出て、就労ビザを取得した上で、改めてカナダに渡る必要があった。

しかし、2015年に制度が変更され、卒業後すぐに就職することができるようになったため、移民申請がしやすくなった。カナダは優秀な学生が流出するリスクを最小化したのだ。

さらに高齢化や地方の人口減を見据え、若い移民を地方に優先的に受け入れるプログラムも始まっている。対象となるのはプリンス・エドワード島などカナダ東部アトランティック地方の4つの州。州内の学校を卒業し、特定の事業所での就労が決まった人を移民として認定し、定住してもらうというものだ。就労経験がなくても申請できる利点があり、多くの移民受け入れにつながっているそうである。


積極的に受け入れた移民を、カナダ社会はどのように受容しているのか。キーワードとなるのが「多文化主義」だ。

例えば、トロント市。救急車を呼ぶための緊急ダイヤルは100の言語に対応し、地元ケーブルテレビも多言語放送だ。その「多文化主義」を国として初めて打ち出したのは現在のトルドー首相の父親、ピエール・トルドー首相だった。1971年、実に約50年前のことだ。

移民に自国の言語や文化に順応することを求める国もあるなか、多様な文化や価値観を受け入れる土壌が社会に根づくカナダ。しかし、積極的な移民の受け入れによる社会の変化を市民がもろ手をあげて支持しているのかというと、必ずしもそうとは言い切れないようだ。

調査会社「イプソス」が今年1月に発表した世論調査の結果によると、「移民が多すぎる」に44パーセント、「移民がカナダに好ましくない変化を与えている」に48パーセント、「移民によってカナダ人が就労するのが難しくなった」に40パーセントの回答がある。

一方で、「移民は経済的によい」が45パーセント、「特定の専門職不足を補うため高い教育水準や資格のある移民を優先的に受け入れるべき」が53パーセントとなっていて、国の考え方が一定の理解を得ている側面も確かにある。

そもそも国の成り立ち自体が移民国家であるカナダの積極的な移民政策を、そのまま日本の現状に当てはめることは適当ではないのかもしれない。しかし、移民を国の成長の原動力につなげつつ、社会の寛容性を保つという、挑戦的な試みのモデルケースであることに違いはなさそうだ。

〝世界一幸せな国〟で起きる「福祉の取り合い」——フィンランド

世界の国や地域の「幸福度」をランキングにした国連の報告書で、2年連続1位となったフィンランド。子育てや医療への手厚い補助、無償教育などの「高福祉・高負担」の社会の仕組みがその「幸せ」を支えてきた。

ところがここ数年、移民や難民との間で「福祉の取り合い」を指摘する声が上がっている。

フィンランドの人口は550万人。日本で言うと兵庫県と同等の人口規模は、ヨーロッパの中でもどちらかといえば小規模な国に位置づけられる。単一民族の色合いが濃く、シャイな国民性で知られる。

移民政策の根底に流れるのは、「移民抑制」の考え方だ。かつて旧ソ連とスウェーデンに支配された経験から外国人に対する警戒感が強く、歴史的に移民の受け入れには消極的だった。

フィンランドはそもそも、移民による人口の流入より、流出の方が多い時代が長かった。どこかメルヘンなイメージの先行しがちな国だが、実際は暗くて寒い冬が長い。経済的にも

１９８０年代ごろまでは決して豊かとは言いがたく、よりよい生活を求めて隣国の旧ソ連やスウェーデンに出ていく人が多かったのだ。

長らく続いた移民抑制政策に変化をもたらしたのが、難民の受け入れだ。フィンランドは人道的な理由から、１９７０年代以降、ベトナムやチリ、旧ユーゴスラビア、ソマリアなどから難民を受け入れ始めた。その後、移民の流入と流出の数は逆転。１９９０年代には旧ソ連が崩壊し、流出していたフィンランド系の人たちが多く戻ってきた。

この変化に対して、難民や移民を受け入れるための政策は後手に回り、フィンランド語が話せない人の多くが仕事に就けないという問題が出てきた。

フィンランドで難民や移民に関する法律ができたのは１９９９年。その基本的な考え方は、受け入れると決まった移民や難民については、彼ら自身の言語や文化を尊重する。その一方でフィンランド語や文化を学ぶ機会を提供し、就労支援も行う。同化でもなく放置でもなく、「多様性を尊重しながらの統合」を目指すのが、現在のフィンランドの移民政策だ。

こうした政策を実現するための支援はかなり手厚い。例えば、行政サービスとしての住居や当面の生活保護費の支給、子どもの就学支援に加え、ＮＧＯやボランティアも職業教育や通訳など幅広い支援を行っている。

フィンランドは移民・難民に対する手厚い支援を実現させるため、自分たちの国の規模に見合った人数を計画的に受け入れてきた。ところが近年、国民と移民・難民との間であつれきが深刻化している。

引き金となったのが景気の悪化だ。２００８年の経済危機で悪化した景気がなかなか回復しないなか、国民の間で移民や難民と「仕事の取り合い」が生じているという認識が広まったのだ。

加えて、急速に浸透した考え方が「福祉の取り合い」だ。高い税金を納めているからこそ受けられるはずの「高福祉」。しかし移民や難民は、一度滞在許可がおりれば、国民と同等の生活保護、医療、教育を受けられる。「福祉の取り合い」は移民や難民が「高福祉」に〝ただ乗り〟しているという不公平感に基づくもので、シリアの内戦などに伴う移民・難民の流入が急増する中、こうした議論は活発になった。

２０１９年4月中旬に行われた総選挙では、移民の規制を訴える右派の「フィン人党」が、改選前の2倍以上の議席を獲得する躍進をみせて第2党となった。「福祉の取り合い」を声高に叫ぶことで支持を集めてきた政党だ。

自分たちの国の規模に見合った受け入れを進めてきたフィンランド。しかし人口に占める移民の割合は２０００年には３・３パーセントだったのが、２０１０年には４・８パーセント、２０１７年には５・８パーセントと、じわじわ増え続けている。政府がめざす「統合」がうまく進むのか、手腕が試されている。

一方で、フィンランドが日本と同様に直面しているのが、少子高齢化による労働力不足だ。２０１７年には、高度人材に特化した移民の受け入れを開始。医師などに加え、プログラミングや起業など、フィンランドが力を入れている分野の活性化につながる人材に来てもらうことが狙いだ。

ここに来て気づくのが、フィンランドではあくまでも人道的な理由での受け入れが先行し、移民を「労働力」として見なすようになったのは最近になってからであることだ。だからこそ移民や難民はフィンランドに住めば、住民と同じような高福祉を受けられるだろうと期待し、政府としても、彼らが社会の一員としてうまく統合できるよう手厚い支援をしてきた。

しかし財政がひっ迫するなか、高い理想に支えられた今の移民政策は持続可能なのか。〝世界一幸せな国〟の移民政策は正念場を迎えている。

メイドに見る外国人労働者の権利保護――シンガポール

世界中から観光客や企業が集まり、摩天楼《まてんろう》きらめくシンガポール。独立からわずか50年余りで遂げた急成長の一端を担ってきたのは、外国人労働者だ。

だが、様々な外国人に門戸を開いてきた一方で、その受け入れをめぐっては重い課題も抱えている。

東京23区ほどの大きさの島国シンガポールは、世界でも有数の貿易や金融の拠点として経済成長を遂げてきた。人口約560万人のうち、永住者も含めると40パーセントほどは外国人だ。1970年代の工業化を外国人労働者が支えた後、国の成長を押し上げられる、より技能の高い労働者の受け入れへと移行してきた。資源も人口も限られるなか、海外から投資や人材を幅広く受け入れることが発展の鍵となってきたのだ。

外国人労働者の受け入れは、シンガポール人が敬遠する低賃金の仕事から、最先端の技術を駆使する高技能職まで多岐にわたる。主な労働ビザは3種類あり、ひとつ目は「エンプロイメント・パス」。企業の管理職や高技能職など高収入者が対象で、月収3600シンガポールドル（日本円約27万８０００円）以上。ふたつ目は「エス・パス」。中等度の技能を持ち、月収２３００シンガポールドル（日本円約17万７６００円）以上。専門的な技能があることなどが条件だ。３つ目は、「ワーク・パーミット」。〝低技能〟労働者が対象で、建設現場の作業員やサービス産業の従業員などがこれに入る。収入の規定はない。

「ワーク・パーミット」の約４分の１を占めるのが、家事や子どもの世話などを担う「メイド」だ。新規の受け入れ対象者は原則、23歳から50歳未満の女性で、フィリピンやインドネシア、ミャンマーなど近隣のアジア諸国を中心に約25万人が働きに訪れている。

共働き世帯の多いシンガポールでは、実に６世帯に１世帯がメイドを雇っている。仕事で帰宅が深夜になることも多く、家事や子育てを２人だけで行うのはとても無理な家庭がメイドに家事を任せるのは、中間層でも特に珍しいことではない。

メイドの雇用主を探していたフィリピン人女性に話を聞くと「夫がいないので、私１人で子どもを支えるには高い給料が必要」と、シンガポールで仕事を探す理由を教えてくれた。メイドの賃金の相場は１カ月約４万円から６万円。母国の何倍も稼げることもあり、多くの人が出稼ぎに訪れて家族に給料を送金している。

社会に浸透している外国人のメイドだが、働く上では厳しいルールがある。実はメイドの賃金や労働時間は「家事をする時間や日にちなどを規制するのは実用的ではない」として、決められていない。労働時間や有給休暇、解雇の事前通知などを定めた雇用に関する法律の対象外となっているのだ。さらに、メイドはシンガポールでの結婚や出産も定住につながるとして厳しく制限されている。家族を呼び寄せることも禁じられている。あくまでも臨時の労働力と位置づけられているからだ。

この状況下で深刻なのが、雇い主によるメイドへの暴力や給料不払いなどの問題だ。メイドを支援しているNGOでは、雇い主から外出を禁じられた人や、暴力を受けてケガをした人など、2018年、相談に訪れたメイドは800人に上るという。このNGOが運営するシェルターに身を寄せる女性は、荷物をすべてトイレに投げ入れられ、部屋に閉じ込められたこともあると話す。

こうした問題は少なくとも約30年前から認知され、シンガポール当局も通報窓口を設け、加害者の厳罰化も進めるなど対策をとっている。現在、被害者がメイドの刑事事件で有罪となった場合、罰金や刑期は通常の1・5倍となり、重傷の傷害罪ならば刑期は最大10年から15年に増える。

だが、閉ざされた家庭空間で振るわれる暴力は顕在化しにくく、雇用者と労働者といういわば上下関係のある立場で声を上げることは簡単ではない。ＮＧＯの担当者は「メイドは立場が弱く、労働者と雇用者の双方が納得できる社会にしないといけない」と訴える。

改めて、メイドから視野を広げてシンガポールの移民全体を見てみると、労働ビザによって保障される環境は大きく異なる。「エンプロイメント・パス」の保持者のうち、月収６０００シンガポールドル（日本円約46万円）以上であれば家族の帯同は可能。中等度の技能の「エス・パス」保持者まで、結婚や出産は自由だ。

一方、メイドの場合、シンガポール人や永住者と結婚するには政府の許可が必要だ。シンガポール人や永住者の配偶者以外との間で子どもを妊娠すれば、帰国しなければならない。

こうした低収入の外国人労働者の定住を回避する仕組みについて、シンガポール経営大学のユージーン・タン准教授は「定住するならば自分で生活を切り盛りできる人でなければならない。シンガポールの財政負担につながるような移民政策は維持できない」と話す。

とはいえ、メイドのように社会に浸透した外国人労働者を抜きにして、シンガポールの人々の生活は成り立たないのも事実だ。人手の確保と労働者の権利の保障をどう両立させるかは、言うまでもなく、日本にとっても重い課題となる。

あとがき

「日本社会はすでに多民族化しているんです」

ある取材先で聞いた言葉に思わずハッとさせられた。その人はさらに次のように続けた。

「現実は人々が思っている以上に進んでいる。ただそこに意識がついていっていないだけ」

この言葉を発した人自身が日本に住んで20年以上になる中国人だ。それだけにこの言葉が重く感じられた。

先に進んでしまっている「現実」

その「現実」とはどういうことなのだろうか。

例えば、東京23区には約１８０の国・地域の人が住んでいて、文字通り世界中の人が集まっていることが、その一端を現しているのではないか。東京に住んでいると、コンビニや外食チェーンで働く人に電車に乗っている人など、外国人と思われる人を見かけない日はないと言っても過言ではない。それにしても、これだけ多くの国の人たちが東京に住んでいると考えると、改めて驚かされる。

全国で見ると、外国人人口は全人口の2パーセント余り。これだけを聞くと、まだまだその数は多くないように感じるが、「50人に1人は外国人」と表現するとどうだろうか。50人というと、小学校や中学校の1クラスより少し多い。だいたい2クラスに1人は外国人の同級生がいるようなイメージか。そう捉えると、規模感が全く違うものに見えてくる。

私たちが「外国人〝依存〟ニッポン」というテーマ設定で取材を始めたのは、日常生活の中では気づきにくい、あるいは意識していない「現実」を、公表されている統計データを独自に深掘りすることなどによって浮かび上がらせるとともに、それに伴って今、日本社会で何が起きているのかを伝えることが狙いだった。

そこから見えてきたのは、本書で取り上げてきたように、この国が私たちの想像以上に外国人労働者に〝依存〟する実態と、その役割にかかる大きな期待だった。しかも、それは企業だけではなく、人口減少に頭を悩ます自治体も同じだった。先に触れた取材先が口にした言葉の通り、思っている以上に進んでいる「現実」を実感させられるものでもあった。

その背景にはやはり少子高齢化、人手不足、人口減少に対する危機感を社会全体として意識的にも無意識的にも共有している、ということがあるだろう。そしてそれは東京を初めとした都会だけでなく、島根県出雲市や北海道東川町といった地方でも見てとられ、全国に共通したものだと言える。

取り残される人々

「外国人がいなくては成り立たない」。取材中、何度その言葉を聞いただろうか。例えば本書で取り上げた茨城県の野菜や広島県のカキ。いずれも外国人労働者の役割がいかに大きいかを顕著に現す現場だ。一方で愛媛県のみかんに宮崎県の牛肉と、外国人労働者を受け入れにくい現場では、価格の高騰や廃業が起きている実情も見えてきた。受け入れなければ成り立たなくなり、一度受け入れると頼り切ってしまう。これもまた「現実」の一面と言えるのだろう。

一方で、繰り返し指摘されている技能実習生制度の問題点は解決されていない。取材の中で話を聞いた受け入れ先の農家や漁業者、企業のほとんどは、実習生を大切にしていて、むしろその待遇を良くしないと実習生に来てもらえなくなるのではないかと危機感さえ持っていた。しかし、それでもなお、本書でも取り上げたように長時間労働を強いられたり恋愛を禁じられるなど私生活を制限されたりと、人権侵害にあたるような扱いがなくなっていない。

「現実」の中で取り残されている人たちもいる。例えば第3章で取り上げた外国籍の子どもたち。その国籍によって義務教育の対象外である現状が子どもたちの将来にどういう影響を与えるのか、十分に向き合っていない日本社会の実情がある。「日本に連れてきた親の責任だ」との指摘もあり得るだろう。しかし、その親が来日した背景には、日本社会が共有する、人手不足に対する危機感があるということを忘れてはいけないのではないだろうか。

それだけではない。中には外国にルーツを持つだけで「ガイジン」と呼ばれていじめられ、「ハーフ」だとして嫌がらせを受けて自ら命を落とした人もいる。こうした悲劇が今もなお起きているという事実が日本社会に突きつけているものは重い。

また、外国人のお年寄りたちも増加している。日本社会全体が超高齢化しつつある今、その割合自体は決して多くないかもしれない。しかし、日本で働いて日本社会を支えてきた人たちが老後を迎えた時に、外国籍で少数だからといって生活を支えなくていいものなのだろうか。日本で働き定住する外国人が増えている中、今後、ますます日本で人生を終える人が増えることは想像に難《かた》くない。このままでは5年後、10年後にそうした人たちが取り残されてしまいかねない。その未来は、すでに垣間見えているのだ。

二分される意見の前に

これまで日本への外国人の受け入れは、「移民政策はとらない」ことが前提となってきた。日本への外国人の受け入れの大きな転機になったと指摘されるのは、就労制限をつけない形で日系人の受け入れなどを始めた1990年の改正出入国管理法の施行だ。その後に始まった技能実習制度や留学生の受け入れ拡大においても、前提は崩されていない。しかし、その前提の下で今、想像を超えた「現実」が進んでいる。

2019年4月からは単純労働の受け入れに門戸を開く改正出入国管理法が施行された。「第3の開国」、「事実上の移民政策」――。その評価は様々だ。今から日本社会にどのような影響を与えるかを予見するのは簡単ではない。ただ、過去の政策の下で、ここまで触れてきたように人々の想像を上回り、かつ社会の中では埋もれがちで明確に認識されていない

「現実」が生まれてきたことを考えると、新たな制度が私たちの生活や社会全体に非常に大きな影響を与え得ると想定しておくべきではないか。

そうであればこそ、今起きている「現実」をしっかりと認識した上で何が課題なのか、日本社会として外国人をどう受け入れるか、そもそも受け入れを拡大するのかそれとも一定程度制限するのかという点から始まり、社会の中でどういう役割を担ってもらうのか、どう生活を支えていくのか、ということまでもっと議論する必要があるのではないだろうか。

取材の中で聞いた次のような言葉も強く印象に残っている。

「外国人住民は社会の中では少数派の人たちだ。でもその弱い立場の人たちが幸せに暮らすことができる社会は多数派の人にとっても幸せな社会でしょう」


これほど意見が割れるテーマもないと痛感している。私たちＮＨＫの特設サイトにも外国人材の受け入れに関して賛否両論、実に様々な声が上がっている。

例えば「外国人は日本人の仕事を奪っている」、「外国人のせいで賃金水準が上がらない」、「日本が乗っ取られる」などといった意見が寄せられている。この中には排他的な表現も多く見られる。これに対して「多様な人材が日本に来ることはいいことだ」、「日本の未来を担ってもらいたい」、「人材が日本には足りていない」など、受け入れを進めるべきだという意見も根強い。中には、「日本人」と「外国人」と分けて報道で取り上げること自体が多様化した時代に遅れていて差別的であるとの指摘もある。

このように意見が二分される様子を見ると、日本社会はまだこれだけ多くの外国人労働者を受け入れる準備ができていないようにも感じる。

しかし、繰り返しになるが「現実」は先に進んでしまっているのだ。

本書の狙いは、政策上「こうあるべきだ」と述べることではなく、あくまで日本社会が外国人の受け入れについて議論する土台の一部を提供できれば、というところにある。まだまだ私たちの取材が行き届いていない様々な課題や実態が多くあることも実感している。ただ、本書を通じて1人でも多くの人に何かしらの情報を提供し、議論のきっかけになるなら幸いだ。

図版作成／株式会社アトリエ・プラン

NHK取材班（えぬ・えいち・けいしゅざいはん）
労働生産人口の減少に伴い多くの仕事を外国人に依存する現状と、日本で暮らす彼ら彼女らとその家族のリアルな姿を伝えるため、特設サイト「外国人“依存”ニッポン」を開設。様々な特集記事やコラム、動画などを公開している。

データでよみとく 外国人《がいこくじん》“依存《いぞん》”ニッポン

2019年10月30日初版1刷発行

著　者 ―― ＮＨＫ取材班
発行者 ―― 田邉浩司
装　幀 ―― アラン・チャン
印刷所 ―― 堀内印刷
製本所 ―― ナショナル製本
発行所 ―― 株式会社光文社
東京都文京区音羽1-16-6（〒112-8011）
https://www.kobunsha.com/
電　話 ―― 編集部03（5395）8289 書籍販売部03（5395）8116
業務部03（5395）8125
メール ―― sinsyo@kobunsha.com

 ISBN 978-4-334-04432-9

1009
世界の危険思想
悪いやつらの頭の中
丸山ゴンザレス

最も危険な場所はどこか？――それは、人の「頭の中」である。「世界各国の恐ろしい考え方」を「クレイジージャーニー」出演中の危険地帯ジャーナリストが体当たり取材！

978-4-334-04415-2

1010
愛する意味
上田紀行

あなたはなぜ、愛の不毛地帯にいるのか――長年、生きる意味を見失った現代社会への提言を続けている文化人類学者による、生きる意味の核心である「愛」に関する熱烈な考察。

978-4-334-04416-9

1011
太陽は地球と人類にどう影響を与えているか
花岡庸一郎

太陽は変化しない退屈な星？――「変わらない存在」として認識されてきた太陽が、いま、「変わる存在」として社会で注目を集めている。豊富な観測データで綴る「太陽物理学」入門。

978-4-334-04417-6

1012
女医問題ぶった斬り！
女性減点入試の真犯人
筒井冨美

医学部人気の過熱で女医率も高まる中、なぜ「女医は要らない」と言われてしまうのか。女医は医療崩壊の元凶か、救世主となるか？　フリーランスの麻酔科女医が舌鋒鋭く分析する。

978-4-334-04418-3

1013
喪失学
「ロス後」をどう生きるか？
坂口幸弘

家族やペットとの死別、病、老化……私たちは「心の穴」とともに歩んで行く。死生学、悲嘆ケアの知見、当事者それぞれの向き合い方を学ぶ。過去の喪失から自分を知るワーク付き。

978-4-334-04419-0

1014
「ことば」の平成論
天皇、広告、ITをめぐる私社会学
鈴木洋仁

天皇陛下のおことば、ITと広告をめぐる言説、野球とサッカーが辿った道……。「平成」の形を、同時代に語られた「ことば」を基に探る極私的平成論。本郷和人氏推薦。

978-4-334-04420-6

1015
「家族の幸せ」の経済学
データ分析でわかった結婚、出産、子育ての真実
山口慎太郎

母乳育児や3歳児神話……。出産や子育てにおいて幅をきかせるエビデンス（科学的根拠）を一切無視した「思い込み」を、気鋭の学者が最先端の経済学の手法で徹底的に論破する。

978-4-334-04422-0

1016
不登校・ひきこもりの9割は治せる
1万人を立ち直らせてきた3つのステップ
杉浦孝宣

「8050問題」につながる若者の不登校・ひきこもりという社会課題に30年以上向き合ってきた教育者が語る、親子で生活を立ち直らせるための3ステップ。

978-4-334-04424-4

1017
教養としてのロック名盤ベスト100
川﨑大助

現代人の基礎教養とも言えるロック名盤100枚を、これまでにない切り口で紹介・解説。著者の主観・忖度抜き、科学的な手法で得られた驚愕のランキングの1位は？

978-4-334-04425-1

1018
発掘！ 歴史に埋もれたテレビCM
見たことのない昭和30年代
高野光平

こんなモノがあったのか！ ナゾだらけの草創期テレビCMの実態とは？ 「名作」とはひと味ちがう、無名の発掘物でたどる「もうひとつのテレビCM史」。CM史研究の第一人者が解き明かす。

978-4-334-04426-8

光文社新書

1019
なぜ女はメルカリに、男はヤフオクに惹かれるのか？
アマゾンに勝つ！　日本企業のすごいマーケティング

田中道昭　牛窪恵

日本企業は、なぜマーケティングでアマゾンに対抗することができるのか？　アマゾン分析の第一人者と、トレンド研究の第一人者が、マーケティングの秘策を徹底解説する一冊。

978-4-334-04427-5

1020
日常世界を哲学する
存在論からのアプローチ

倉田剛

「空気」って何？　「ムーミン谷」はどこ？　「パワハラ」の在り方とは？　安倍内閣の「信念」って⁉　当たり前を疑えば日常風景が変わる。「在《あ》る」をとことん考える哲学の最前線へ！

978-4-334-04428-2

1021
がん検診は、線虫のしごと
精度は9割「生物診断」が命を救う

広津崇亮

尿一滴で線虫が早期がんを高精度に検知する！　驚異の検査法「N-NOSE」はがん医療をどう変えるか。産みの親である研究者が、自身の歩みやがん検診・治療の今後を伝える。

978-4-334-04429-9

1022
不登校からメジャーへ
イチローを超えかけた男

喜瀬雅則

日大藤沢高校→不登校・引きこもり・留年・高校中退→渡米→新宿山吹高校（定時制）→法政大学→渡米――異色のベースボールプレーヤーのチャレンジし続ける生き様を活写！

978-4-334-04430-5

1023
掘り起こせ！　中小企業の「稼ぐ力」
地域再生は「儲かる会社」作りから

小出宗昭

年間相談数4千超の富士市の企業支援拠点・エフビズ。そのモデルは今や全国に広がる普遍的方策だ。真の「強み」を見つけ、儲けに変えるノウハウを直伝。藻谷浩介氏との対談つき。

978-4-334-04423-7

1024
「マニュアル」をナメるな！
職場のミスの本当の原因
中田亨
ミスが多発する現場には、「駄目なマニュアル」があった！長年、人間のミスの研究を続ける著者が、マニュアル作りに悩む人のために、すぐに使える具体的なテクニックを紹介。
978-4-334-04431-2

1025
江戸の終活
遺言からみる庶民の日本史
夏目琢史
天下泰平の世に形成された「家」は肉親の死を身近にし、最期を悟った者は自らの教訓を込めて遺書を記した。近世人の言葉から当時の生き方と社会を読み取り、歴史学を体感する。
978-4-334-04433-6

1026
ビタミンDとケトン食　最強のがん治療
古川健司
末期がん患者さんの病勢コントロール率83％の「免疫栄養ケトン食」。そこにビタミンDの補給が加わることで、予想を超える効果が。学会も注目する臨床研究の結果を初公開！
978-4-334-04435-0

1027
死に至る病
あなたを蝕む愛着障害の脅威
岡田尊司
豊かになったはずの社会で、生きづらさを抱え、心も身体も苦しく、死にたいとさえ思う人が増え続ける理由は？　我々が直面する「生存を支える仕組みそのものの危機」を訴える。
978-4-334-04436-7

1028
自画像のゆくえ
森村泰昌
画家はなぜ自画像を描くのか。自撮り／セルフィー時代の「わたし」とは？　自画像的写真をつくりつづけてきた美術家が、約六〇〇年の歴史をふまえて綴る、「実践的自画像論」。
978-4-334-04437-4

1029

患者よ、医者から逃げろ

その手術、本当に必要ですか?

夏井睦

キズ・ヤケドの湿潤療法の創始者が、今も変わらない酷《ひど》い治療をメッタ斬り。豊富な症例写真を交えつつ、痛みや創感染、骨髄炎や院内感染の闇と真実に迫り、人体の進化史の新説も展開。

978-4-334-04438-1

1030

運気を磨く

心を浄化する三つの技法

田坂広志

あなたは、自分が「強運」であることに気がついているか/なぜ、志や使命感を持つ人は「良い運気」を引き寄せるのか——最先端量子科学が解き明かす「運気」の本質。

978-4-334-04439-8

1031

あなたのメールは、なぜ相手を怒らせるのか?

仕事ができる人の文章術

中川路亜紀

何かをお願いするとき、逆に何かを断るとき、あるいはお詫びするとき、できるだけ「短くて気持ちのいいメール」を書くにはどうすればいいのか。その秘訣と文例を大公開する。

978-4-334-04440-4

1032

なぜ「つい買ってしまう」のか?

「人を動かす隠れた心理」の見つけ方

松本健太郎

どの商品・サービスも「大体同じ」な今の時代に、人々が心の底から「欲しい」と思うものをどうすれば作れるのか? 気鋭のマーケターが「インサイト」に基づくアイデア開発を伝授。

978-4-334-04441-1

1033

外国人〝依存〟ニッポン

データでよみとく

NHK取材班

新宿区、新成人の2人に1人が外国人——。外国人の労働力、消費力に〝依存〟する日本社会の実態を豊富なデータと全国各地での取材を基に明らかにする。

978-4-334-04432-9